소박하고
근사하게

소박하고 근사하게

발행일 2021년 2월 8일
초판 2쇄 2021년 3월 5일

지은이 김수경
펴낸이 문희정
펴낸곳 문화다방
출판등록 제572-251-2013-00002호
전자우편 moonzakka@naver.com

ISBN 979-11-951482-7-1 03590

이 책의 저작권은 지은이와 문화다방에 있습니다.
이 책은 저작권법에 따라 보호받는 저작물이므로 무단 전재와 무단 복제를 금지합니다.

소박하고 근사하게

오늘도
일기를
씁니다

김수경 지음

文書茶坊

조금 긴 프롤로그

　그해 여름 교수님께서 보여주신 짧은 이야기는 그림책을 영상으로 제작한 것이었다. 제목은 불행히도 기억나지 않는다. 제목뿐만 아니라 이야기 속의 주인공이 개미였는지도 확신이 없다. 빛이 없는 땅속에 굴을 만들어 겨울을 보냈기에 이 글을 쓰며 찬찬히 떠올려보니 어쩌면 개미가 아니라 두더지였는지도 모르겠다는 생각이 든다. 우선은 개미라고 적는다. 그렇게 적는 이유는 그 이야기를 보고 요약하는 과정에서 내가 개미와 베짱이를 떠올렸기 때문이다.

　두 개미가 살고 있다. 한 개미는 봄 여름 가을 동안 성실히 일을 하며 보낸다. 먹을 것을 줍고 시간이 날 때는 땅속에 굴을 판다. 파 놓은 굴에 먹을 것을 천천히 옮겨 쌓고 또 쌓고 또 쌓는다. 땅속으로 걸어 들어가는 길은 좁고 구불구불하기에 옮기는 일은 더디고 힘겹다. 그렇게 한 방을 꼭 채우고 나면 개미는 새 방을 파고 그 일은 말 그대로 세 계절이 가도록 반복된다. 다른 한 개미는 일은 하지 않고 나가서 논다. 언덕 위에 앉아 바람을 쐬고 풀밭을 산책하고 나무 위에 올라가 논다. 세 계절 내내 그렇게 신나게 놀았다. 끙끙 등에 먹을 것을 이고 기어가던 개미가 언덕 위 나무에 기대앉아 바람을 맞고 있는 한량 개미를 지나쳐 간다.

　이제 겨울이 되었다. 따뜻한 땅속 집에서 모아놓은 음식들을 먹으며 쉬고 있는 개미의 집에 한량개미가 찾아와 문을 두드린다. 호오오 밖은 너무 추워. 나에게 따뜻한 방과 음식을 나누어 주겠니. 어쩐 일인지 성실 개미는 흔쾌히 그에게 문을 열어 주고 음식도 같이 나누어 먹는다. 음식을 다 먹고 난 개미가 자기가 놀던 날들을 떠올린다. 알 수 없는 빨간빛과 노란빛 연둣빛과 차례로 지나간다. 이야기는 여기에서 끝.

사실 이 이야기는 텍스트가 없다. 오로지 그림만으로 지어진 동화다. 뜨거운 여름날 무거운 짐을 이고 기어가던 성실 개미가 언덕 위 나무 그늘에 앉아 쉬고 있던 한량 개미를 무연히 돌아볼 때만 해도 나는 확신했다. 이거 개미와 베짱이잖아? 개미는 미래를 위해 열심히 노력하고 성실하게 일하는데 베짱이는 앞날은 생각도 하지 않고 놀고먹고 결국 구걸을 하다가 얼어 죽지 아마. 그러니 성실 개미는 좋은 편 베짱이는 나쁜 편. 뭐 이런 이분법이 나에게 명확히 자리 잡고 있었다.

의아했다. 저 개미는 왜 바보같이 문을 열어주고 흔쾌히 음식을 나누어주는 걸까. 저렇게 놀기만 한 개미에게 힘겹게 공들인 세 계절의 노력을 주다니.

유치원생들도 다 아는 이야기를 요약하라니 너무 쉽네. 하고 생각하면서도 마음에 걸리는 부분이 있으니 잘 되지 않았다. 시간 안에 발표를 해야 했고 요약을 표로 그려봐라 하셨기에 나는 좋은 편 나쁜 편의 이분법으로 나누어진 2칸짜리 표를 완성했다. 대부분의 친구들이 나와 비슷한 요약을 했고 내 발표가 끝난 후에 교수님은 이렇게 되물으셨다. 말대로라면 한량인 그 개미를 너희들은 나쁘다고 생각하는구나. 우리는 교수님의 코멘트를 듣고 동화의 영상을 다시 보았다. 그제야 보이지 않는 것들이 보이기 시작했다.

이제 이야기를 다시 적어보겠다.

두 개미가 살고 있다.

한 개미는 봄 여름 가을 동안 성실히 일을 하며 보낸다. 먹을 것을 줍고 시간이 날 때는 땅속에 굴을 판다. 파 놓은 굴에 먹을 것을 천천히 옮겨 쌓고 또 쌓고 또 쌓는다. 땅속으로 걸어 들어가는 길은 좁고 구불구불하기에 옮기는 일은 더디고 힘겹다. 그렇게 한 방을 꼭 채우고 나면 개미는 새 방을 파고 그 일은 말 그대로 세 계절이 가도록 반복된다.

다른 한 개미는 곳곳을 누빈다. 매일 언덕을 오르고 위험을 감수하고 풀밭을 기고 자기의 몇백 배나 되는 나무를 천천히 타고 올라 저 멀리 보이는 것들을 머릿속에 차곡차곡 쌓아둔다. 아침의 신선한 공기와 꽃의 냄새를 여름 풀의 감촉과 가을 저녁 지는 노을의 빛을. 머리에 소중히 그리고 성실히 옮겨 담는다. 끙끙 등에 먹을 것을 이고 기어가던 개미가 언덕 위 나무에 기대앉아 바람을 맞고 있는 개미를 지나쳐 간다. 너는 먹을 것을 모으지 않고 무얼 하고 있니. 하고 물으니 응 나는 빛과 색을 모으고 있어 하는 대답이 돌아왔다.

이제 겨울이 되었다. 따뜻한 땅속 집에 앉아 모아놓은 음식들을 먹으며 쉬고 있는 개미의 집에 빛과 색을 모으던 개미가 찾아와 문을 두드린다. 호오오오 밖은 너무 추워. 나에게 따뜻한 방과 음식을 나누어 주겠니. 개미는 흔쾌히 그에게 문을 열어 준다. 따뜻한 방안 따뜻한 음식들을 내어주고는 마주 앉는다. 방안의 온기에 몸을 녹이며 음식을 맛있게 먹고 있는 다른 개미에게 이렇게 얘기한다.

자, 이제 나에게도 네가 모은 빛과 색의 이야기를 들려줘.
아침의 신선한 공기에 대해서 이야기 한다. 회색빛뿐이던 겨울의 방안에 시원한 아침의 바람이 살랑하고 불어온다. 꽃의 냄새와 여름 풀의 감촉에 대해 가을 저녁의 노을빛에 대해 이야기할 때마다 어두침침하던 방안이 여러 빛깔로 아름답게 물든다.
개미의 얼굴에 미소가 지나간다. 이야기를 들려주던 개미의 얼굴에도 미소가 지나간다. 두 개미의 겨울은 그래서 행복했다.

교수님의 반문을 듣고, 거울이 없는 한 내가 나를 볼 수 있을 리 만무한데도 코밑으로 내 당황한 표정이 보였다. 이 이야기는 개미와 베짱이가 아니다. 개미와 개미의 이야기이고 모두가 행복한 이야기이다. 모아놓은 음식뿐인 땅속에서 지내는 겨울은 너무 무료하고 길지 않았을까. 하셨을 때 스무 살의 우리들은 숙여진 고개를 찬찬히 끄덕였다.
우리는 어릴 적부터 성실 개미로만 살아야 얼어 죽지 않을 수 있어. 하고 배워왔다. 호오오오오 겨울은 너무 추워, 나에게 따뜻한 집과 음식을 나누어 주겠니. 하고 누군가 찾아왔을 때 나의 이분법적 명제를 오만으로 움켜쥐고 오로지 한 가지 잣대를 기준 삼아 있지, 너는 그걸 누릴 염치도 자격도 없어. 충고하고는 얼어 죽게 방관하고 있는 사회는 그래서 만들어졌는지도. 각자의 삶의 다른 모양을 이해하고 그것을 서로 나눌 줄 알았던 두 개미가 너무 멋지다고 생각했다.

　살며. 생각보다 더 많은 순간 이 이야기를 떠올린다. 개미였는지 두더지였는지 주인공의 캐릭터는 정확하지 않지만, 그날 마음이 쿵 하고 떨어지던 느낌만은 명확히 기억한다. 걷다가 무방비로 날아온 누군가의 손짓에 하도 오래 써서 시야가 뿌옇던 안경이 훌렁 벗겨진 기분이었달 까.

　오늘 독립영화 〈소공녀〉와 〈족구왕〉을 보고 나는 다시 이 이야기를 떠올렸다.
　두 아이의 엄마로. 아이들을 어떻게 키울 것인가를 고민할 때마다 나는 어떤 사람이고 어떻게 살고 있는 가를 자꾸만 되돌아보게 된다.

계절단상

조금 긴 프롤로그	5

겨울

카레	19
손이 고와진단다	20
할머니와 할아버지를 보내드리고	25
밀가루놀이	27
겨울의 맛	28
곱슬머리 내 동생	31
따뜻한 밥 한끼	33
언제나 태오를 안아주었다	34
나의 데스크톱	38
밤에 아부지께서	40
나의 동지와	42
고무장갑	43
도깨비와 빵빠레	45
소포	46
인연	49
아무렴 낫다	50
좋아하는 영화들	52
기억하고 싶은 어떤 날	55

봄

신발과 태오	61
입학식 날	64
매일이 처음	65
나는 이.재.희	67
함박꽃	69
도서관에 가는 수요일	76
4월 이야기	79
하휴 우리 둘째	80
왜요병	83
엄마를 펭귄으로 만들어주는 구두	85
남편의 승진날	87
감옥	88
우리 형아 1	89
계절의 지나침	92
손을 흔들며 안녕	94
고마워요	95
부부의 방	97
똑똑	99
서문을 읽는다	100
가까이에서 보면	102
핫도그	103

여름

여름소년	107
아이스초코의 비법	108
젊은 사람 아프지 말고 지내요	114
선물	117
고운 마음	118
마음의 키	124
태오의 책상	126
어른스러워지기	128
불스원샷	129
앤	131
달샤베트	133
토마토	134
안아주세요	137
속초	138
차가운 토마토 절임	141
그런날	144
짜장면	147
늘 기분이 좋은 아이	149
쨈	150
알람	151
첫 선물	152
봉평	157

가을

이상하고 아름다운 캠핑	167
지렁이	170
어떤 장면들	173
우리 선생님	174
4 더하기 4는	175
다시 속초	176
발가락	177
작은 집을 좋아합니다	178
단짝	181
별자리들	182
다용도실 채소 선반	184
우리들은 일학년	187
포스트잇 사표	189
고기 두부 조림	190
재희는 일학년	193
태오가 좋아하는 것	194
엄마의 텃밭과 해바라기	197
제주	199
공룡박물관	200
110센티	203
너무 많은 이유라서 말할 수 없는	204

돌아오는 계절

그래. 요놈아 춥지!	209
남편의 프렌치토스트	210
빵과 장갑	212
오이소박이	213
거울	214
신인류의 사이버 러브	215
킥보드	217
그런데 시험은 잘 봤니	218
혼자 머리를 자른 날	219
ㅇ	220
서로의 온도	222
감성 수학	223
체육대회 날	225
녹색 어머니	226
재희에게 쓰는 편지	228
봄 매화	230
칭찬 도시락	231
가까이에서 보고 싶어서	232
키 크겠네	233
누워 쉴 밤	235
첫 편지	236
우리 형아 2	239
혼자만의 시간	240
재희의 종이집	245

근사한 위로	248
장마	251
너무 웃긴 말	252
오늘의 공기	254
늦여름 산책	255
어떤 소원	257
부부의 십 주년	261
저이는 꿀을 먹었는가	263
정독	264
로즈데이의 일	265
사는 일	268
내 마음대로 고기튀김	270
우리 딸에게 전화기를 빌려주어 감사합니다	272
트럼펫 연주자	274
가을을 쓸고 있어요	275
앞머리를 너무 짧게 잘랐어	276
네 말이 맞았다	277
아무래도 싫은 사람	278
말본새	279
마음을 들키면 눈물이 나?	280
주기적 순댓국 증후군	281
소박하고도 근사하게	283
행복하다는 생각이 들었다	285
에필로그	288

비슷비슷한 나이키 운동화에 털 달린 점퍼를 입은 젊은 엄마들이 작은 아이는 띠에 매어 안고 큰 아이 손목을 잡고 큰 아이 걸음을 재촉하며 종종 걷는다. 아이의 무릎 팔꿈치 입술에 로션을 듬뿍 발라주고 야물게 옷을 입히느라 시간이 모자라 신 신고 나설 때 손가락 빗으로 대강 쓸었을 피곤한 머리칼이 부스스하다.

작은 아이가 엄마 눈을 맞추고 웃었을까. 종알종알 아이 말 한마디가 옆구리를 찔룩 간질였을지도. 엄마의 민낯이 초 불 붙일 때처럼 화라락 예쁘고 밝게 피어난다. 순간이지만 엄마의 앳된 표정을 보고 만다. 사실 겨우 서른 그 즈음의 여자들.

겨울
winter

18
⋮
소박하고 근사하게

갓 지은 밥을 소보롬히 담고 카레를 듬뿍 얹는다. 오늘 카레에는 양파와 병아리콩 연근 양송이버섯을 넣었다. 고소하게 따로 볶은 돼지고기도. 얇게 썰어 튀긴 연근과 감자는 고명으로 올렸다.

오늘 저녁 카레에는 무엇이 들어있을까 아이들에게 퀴즈를 내는 것이 꽤 재미있다. 지난번에는 토란과 연근 어느 때는 커다란 흙 당근‵을 오늘은 병아리콩. 그날그날 내 마음대로 고른 오늘의 재료는 얄팍하게 썰어서 마늘 양파 기름에 달달 볶다가 (혹은 노릇하게 굽다가) 물 조금만 부어서 바특하게 삶아내 곱게 갈아 베이스로 쓴다. 이렇게 만든 되직한 베이스에 가루 넣어 물 맞추고 숟가락으로 성실히 저어가며 푹푹 끓인다. 농도는 우유로 잡고 간을 본다. 켠 것도 아니고 안 켠 것도 아닌 불에서 뚜껑을 닫아 오래도록 뭉그러니 두는 시간이 카레의 맛을 내는 가장 중요한 부분이다.
　재희가 두 그릇을 정신없이 먹어 치우고 엄마 이다음에 카레집하란다. 괜히 어깨가 으쓱해서 적어둔다.

카레

어렸을 때 우리 친정엄마께서는 시금치 삶으면 나를 불러다가 초록이 우러난 그 물에 손 닦으라 했었다. 따뜻하고 풋풋한 냄새가 나는 시금치 물에 손을 잠그고 있으면 그 곁에서 참기름 넣고 고습게 무친 시금치를 입에 넣어주시며 짜냐 됐냐 하고 물으셨다. 시금치 삶은 물로 손을 닦으면 손이 고와진단다. 하는 말도 잊지 않으셨다.

저녁에 시금치 삶아 무치며 그 생각이 나서 모처럼 따뜻한 시금치 삶은 물에 손 잠그고 엄마 생각했네. 오늘까지만 나하고 다음부터는 우리 재희 불러서 손 닦으라 일러주어야겠다. 재희가 딸이 아니라 괜히 섭섭한 순간은 이런 때. 그래도 나중에 언젠가 제 처에게 아이에게 살갑게 시금치나물 해주며 내가 그랬던 것처럼 이 엄마를 기억해주었으면 좋겠다.

손이
고와진단다

우리 할무니 언젠가 수술 때문에 입원하셨을 때 딱 하루 지켜본 간호사는 할머니는 공주병이 아니고 왕비병 이세요. 했다. 동네에 호랑이라고 소문이 자자 어른이었고 시집살이 고되기로도 유명한 시어머니였다. 나는 우리 엄마를 못살게 구는 할무니가 참 싫었다. 어릴 때는 내내 무서운 사람이었고 좀 크고 나서는 도무지 이해하기 어려운 사람이었다. 결혼을 해 친정집을 떠나자 살가운 적도 없던 할무니는 영문도 없이 내게 하루에도 열 번씩 전화를 걸었다.

　오래 편찮으신 동안 딸도 아들도 그 어떤 며느리도 못 하는 간병을 셋째 며느리 우리 엄마만 했다. 매일 밤을 샐 수는 없으니 간병인을 구하면 이런 어른은 못 돌본다며 하루 만에 도망을 갔다. 나는 알량한 봉투에 2만 원을 넣어 간병인에게 쥐여주며 저녁이래도 맛있는 것 드세요. 했다. 그러면 간병인은 못 이긴 척 봉투를 받으며 네 어머니아버지 이 어른을 삼십오 년이나 어떻게 모셨느냐고 내 어깨를 찰랑 때리며 말했다.

　아침에 해가 쨍쨍한데 비가 왔다. 재희에게 이런 날 호랑이가 장가가는 거란다. 했는데, 호랑이 같았던 우리 할무니 돌아가시는 날이었다. 친정집은 달라진 것도 자리를 바꾼 것도 없이 시간의 먼지가 켜켜이 앉아 있다. 얇은 잠에 들었다가 눈이 떠진 이 밤, 아이들 쌕쌕 잠 숨소리와 남편의 고단한 코골이 소리가 없다면 지금이 몇 년도인가 잠깐 깨우쳐야 할 것 같다. 내 방과 문 맞닿은 할머니 방에 반쯤 열린 방문 틈으로 침대에 누운 할머니 하얀 발이 보인다. 방까지 들어가지 않고 발을 보고 저 학교 다녀왔어요 할머니 나 학교 가요. 나 출근해요. 했었다. 온도가 조금 내려갈 때마다 윙윙 찬기를 뿜는 작은 방. 차가운 침대 위에 내가 그렇게 싫어하던 살비듬도 각질도 없이 하얗고 깨끗한 할머니 발을 봤다. 나는 방에 들어가, 발이 아니라 얼굴에 대고 할무니하고 불렀다. 발에만 대고 말을 해도 그렇게 대답도 잘하더니 몇 번을 불러도 대답도 안 하고 눈도 안 떴다. 우리 엄마가 너무 울고 우리 아부지가 쓰러질까 봐 더는 못 불렀다. 그렇게 허무하게 떠난 할머니가 미웠지만 더 미운 사람들이 와서 할머니 앞에 서서 우는 것이 싫어 슬픔보다는 화가 앞서 있었다. 아무것도 안 하고 가만히 서 있어도 몸이 떨리고 입안이 가시처럼 말랐다. 깨끗한 면 보에 증오도 미련도 화도 다 걸러버린 온전한 슬픔처럼 평안한 것이 있을까 하고 거만하게 생각했다.

 호랑이가 장가가던 날, 아무것도 모르고 산책을 나갔었다. 산책길에 꺾어와 꽂아두었던 구절초가 머리를 다 꺾고 꽃잎을 털어버린 날이 되어서 집에 다시 돌아왔다. 달력은 10일에서 멈추어있다. 어쩐지 그대로 두면 아무 일도 안 일어난 채로 멈추어 있을 수 있는 게 아닐까 앞에 서서 주저하다가 결국 한참이 지나서야 낱장을 뜯어냈다. 뜯어내면서 앞으로 다시는 일력을 쓰지 않겠다고 다짐했다. 못 쓰는 수가 적혀진 어제처럼 마음이 너덜거렸다. 별로 슬프지도 않은데 정신을 차리면 울고 있었다. 티브이를 보다가도 아는 이들의 메시지를 읽다가도 쓰다가도 그랬다. 집안의 먼지를 털고 묵은 빨래들을 해 널고 꽃 한 단을 사 왔다. 할무니 싫어하는 하얀 꽃 보라 꽃을 마음대로 샀다. 이런 색 꽃은 상처를 때나 쓰는 거여. 그러셨다.

 사흘 뒤면 할아버지 생신인데 딱 맞추어 생일 국을 끓여드리려고 할무니가 부르셨나보다. 할머니를 보내드리고 온 지 딱 열 날이 지났다. 기가 막혔다. 남편은 출장 중이어서 방법 없이 큰 짐을 꾸리고 아이들 손목 꼭 잡고 가장 빨리 오는 버스를 탔다. 재희는 타자마자 잠이 들고 태오는 자는 것은 아닌데 별소리 없이 잘 앉아있다. 어둑한 버스 안 삶의 단상들이 파편처럼 수없이 흩어져 불쑥불쑥 시간도 상관없이 계절도 상관없이 날아든다. 내가 아는 한 이 세상에서 가장 착한 사람. 우리 할아버지를 나는 또 어떻게 보내 드려야 하나.

　화장터, 할무니 가셨던 곳과 같은 방이라고 동생이 말해준다. 천생연분이라는 말을 지금 써도 되는 것인가. 일부러 하자고 해도 들어오는 순서가 있으니 안 되는 일이라며 사람들은 천생연분이라는 농으로 애써 기분을 푼다. 할아버지께서는 할머니를 늘 아꼈다. 할머니는 누구에게나 말이 밉고 사나운 사람인데 할아버지께 만큼은 그렇게 안 했다. 늘 그랬던 것처럼 두 분이 같이 손잡고 가시는 것 같아서 그게 아주 조금 위로가 된다.

　인제 보니 할아버지 영정사진이 퍽 곱다. 할머니를 보내던 날에는 경황이 없어 몰랐는데 이번에는 보는 누구나 할아버지 사진이 좋다고들 했다. 엄마 말씀으로 두 분이서 잘 차려입고 손 꼭 잡고 홀연 사라졌다가 돌아온 일이 있는데 어느 날 문득 사진액자가 배달되어 왔단다. 할아버지 걸음이 괜찮으시고 할머니 머리칼에 윤이 남아 있을 때의 일이었다. 할아버지를 마지막 뵌 건 할머니 보내드리고 온 열흘 전이다. 너무 마른 몸을 보고 가슴이 미어졌다. 수경이 애미를 빼고는 누구도 못 알아보시는 분이 신기하게도 우리 재희를 알아보시고 손을 꼭 잡아주셨다. 재희를 나를 귀애해 주셨던 것처럼 참 예뻐하셨었다. 뵙고 왔지만 가슴에 남아 있는 우리 할아버지의 모습은 사실 영정 사진 속 모습에 더 가깝다. 눈빛이 총명하고 입매와 주름마저 선한 모습이 그대로 담겨있다. 할아버지의 몸이 할머니처럼 품으로 안아 들을 수 있는 작은 모습으로 잦아들 때까지 할아버지 영정사진을 보며 울었다 웃었다 했다.

  나는 왜 그렇게 밤마다 다리가 아팠을까. 내가 잠이 들 때까지 할아버지께서 다리를 주물러주시던 기억. 너구리 반개만 끓여다오. 하시던 것이나 재희야 하고 부르시던 것. 세필을 들고 그림 그리시던 모습은 아마도 영원히 안 잊히겠지. 그림을 판 날에는 동네 슈퍼에 데려가 월드콘을 사주시던 거. 그런 모든 것들이.

  집안일은 습관처럼 손에 익어있다. 억지로라도 몸을 일으켜만 놓으면 손에 익은 대로 움직여준다. 이건 다행이다. 잘 지낸다. 누가 물어도 안 괜찮은 건 아니기에 괜찮다고 대답해놓고 생각해보니 괜찮기도 하네. 하고 혼자 중얼거린다. 쌀이 떨어지면 쌀을 사고 찌개를 끓이고 우유를 마시고 빨래를 돌리고 널고 개며 화분에 잊지 않고 물을 준다. 재희와 받아쓰기를 하고 칭찬스티커를 나누어주고 태오와 이마를 부비며 놀고 간식도 나누어 먹는다. 여동생과 나 친정엄마가 함께하는 메시지 방에서 서로의 매일 안부를 덤덤히 묻고 숙제를 하듯 부지런히 살았던 오늘의 사진을 나눈다. 긴 슬픔을 건강하게 앓을 수 있는 방법을 찾으려고 노력하고 있다. 아이들을 보여드리면 잠깐이라도 웃으시니까 친정엄마와 매일 밤에 영상통화를 한다. 엄마는 아이들 보고 밥 먹었냐 묻다가도 울고 나는 아이들 얼굴로 화면을 채워놓고 울었다.

  할머니 할아버지를 보내드린 이듬해 내 책이 나왔다. 두 분은 믹스 커피를 참 좋아하셨다. 엄마는 이천까지 예쁜 잔과 접시를 가져오셨다. 할머니 할아버지 사진 앞에 좋아하시던 커피와 보드라운 케이크를 차려 놓고는 내 책을 내밀어 보여드리며 "어머니 아부지 수경이가 쓴 책이 나왔어요." 하셨다. 나는 도저히 그 앞에 서 있지 못하겠어서 괜히 주위를 걸었다.

할머니와 할아버지를
보내드리고

밀가루 봉투에 찍힌 날짜는 십오 년 십이월에 멈춰있다. 어느새 일월도 스무날이 갔으니 괜찮을까 괜찮겠지 중얼거리며 봉투를 괜히 앞뒤로 돌려본다. 큰 볼에 반을 털어놓고 물을 조금씩 흘려 가루가 날리지 않을 때까지만 나무 숟가락을 놀린다. 덩어리가 만들어지기 시작하면 소매를 걷고 본격적으로 반죽을 시작한다.

태오가 별로 깊지도 않은 볼 안을 들여다보느라 목을 뺀다. 말랑말랑 잘 만들어진 반죽을 크게 한 덩이를 뚝 잘라 건네니 쑥 뺀 엉덩이 뒤로 손을 숨긴다. 아하. 요 녀석에게 말랑말랑한 반죽이 낯설구나. 서랍에서 쿠키커터를 꺼내 곰돌이로 잘라내고는 밀가루 곰이 되어 태오에게 인사를 붙여보았다. 녀석이 제 장난감 서랍으로 달려가 로봇을 꺼내오더니 곰돌이의 인사를 받는다. 내게 눈이랑 코랑 입을 달아줄래? 하고 물으니 끄덕끄덕. 작은 동그라미들을 뭉쳐 내려놓으니 로봇 손을 빌린 태오 손이 곰돌이에게 눈 코 입을 만들어준다. 그러다가 슬그머니 손꼬락으로 반죽을 눌러보고는 히햐- 하는 표정을 지었다. 그리고는 곧 구부렁구부렁 지렁이와 도넛 꽈배기를 만들어 놓고 낮잠이 들었다.

모래 놀이. 토마토 놀이. 곡식 놀이. 오감을 발달시켜준다는 수업에는 단골로 들어 있는 촉감 놀이들이다. 재희는 그런 수업 시간이 되면 내 품에 안겨 절대로 만지지 않겠다고 발로 딛지 않겠다고 엉엉 울었었다. 그 속에 손과 발을 숨기고 두껍아 두껍아 노래를 부르며 잘도 노는 아이들을 보면서 나는 우리 재희가 겨우 모래나 토마토와 쌀과 콩들을 왜 무서워할까 속이 상했었다.

오늘 나는 우리 재희에게 참 고맙다. 재희가 처음 보는 모든 것에 겁이 없는 아주 씩씩한 아이였다면, 모래도 토마토도 쑥쑥 잘 만지는 아이였다면 나는 아마 끝내 몰랐을 거다. 불안해하지 않고 천천히 다가갈 수 있도록 즐거이 기다려주면 된다는 것을.

  유치원에서 돌아온 재희까지 우리 셋이서 봉지에 싸두었던 밀가루 반죽으로 이름을 아는 모든 빵을 다 만들며 놀았다. 오후에는 태오가 제일 열심히 만들었다.

밀가루놀이

겨울이 되면 엄마 방 한 켠에 전기포트가 놓였다. 그 전기포트 앞에 담요를 덮고 앉아 뜨거운 커피를 만들어 에이스 크래커를 적셔 먹거나 (포슬포슬한 살은 다 발라 먹고 남긴) 식빵의 갈색 네 귀를 찍어 먹는 맛을 배웠다. 달고 구수한 냄새가 나는 커피를 너무 맛보고 싶지만 아직 안 돼. 하고 가로막히던 그 어른의 맛. 다만 딱딱한 네 귀를 부드럽게 적시는 것만큼은 허락해주셨기에 그 맛이 좋아서 이 시간을 고대하곤 했다.

내가 제일 좋아했던 것은 딸기잼 우유다. 다 먹고 아주 조금만 남은 쨈 병에 포트에 살짝 데운 우유를 (우유는 부르르 소리가 나기 전에 얼른 불을 꺼야 넘지 않는다는 것도 그때 배웠다.) 부어 흔들어 주셨다. 따뜻해진 병을 두 손으로 감싸들고 한 모금씩 호호 불어 마시던 맛. 딸기잼이 녹아든 따뜻한 우유는 그 시절 애틋한 겨울의 맛이다.

아주 조금만 남은 누텔라 병에 데운 우유를 부어 흔들고 있으니 낮잠에서 깨난 재희눈이 반짝반짝하다. 이내 두 손에 쨈 병을 들고 입에 초콜릿색 수염을 달고 녀석이 행복해한다. 그래 그게 바로 겨울의 맛이란다.

겨울의 맛

29
겨울

액자에 담아줄까도 고민했지만 재희의 그림들을 낱장 그대로 벽에 붙여두는 것도 예쁘다. 동생이 언젠가 집에 놀러 와, 벽에 붙여 놓은 재희 그림을 보고, 자꾸 그림 벽에 붙이지 말고 칭찬도 하지 말라 볼멘소리를 했다. 우리들끼리만 통하는 쓴 농담. 없는 살림에 참 어렵게 미술 공부를 한 녀석. 그렇지만 그치지 않고 공부를 잇고 또 이어 동생은 결국 화가가 되었고 그림으로 제일 유명한 학교에서 박사 공부를 하고 수업도 한다.

친정엄마께서 어릴 적 녀석의 그림을 자꾸 벽에 붙여주고 친정 아부지께서 고놈 참 잘하네. 머리 쓰다듬어 주어서 자기가 그렇게 되었다고. 우리는 우리끼리만 아는 농담을 하며 웃는 게 아니라 사실 운다. 부모님께서 먹는 것 입는 것 공부도 부족함 없이 시켜주셨지만 미술을 한다는 것은 사실 보통 일이 아니다. 비싼 학원비를 더는 낼 수 없어 짐 정리를 해 오던 날에는 온 가족이 각자 제 숨을 곳에 흩어져 소리 죽여 울었다. 방학특강으로 원비의 세 배를 붙여 서울로 떠나는 아이들에 못 끼었을 때는 그게 뭐 별거냐고 여기서 그냥 열심히 하면 된다고 녀석이 먼저 너스레를 떨었다. 그게 안쓰러운 나는 아르바이트 한 돈을 도너츠라도 신나게 사 먹으라며 녀석에게 톡 털어주고 또 톡 털어주곤 했다.

강남에서 입시생들을 봐줘 가며 빠듯한 서울 살림으로 제 공부하느라 몸도 마음도 많이 아팠던 날들. 동생은 너무 힘이 들면 지하철을 타고 또 버스를 갈아타고 나에게 왔다. 뜨거운 순두부찌개를 끓여 밥을 차려주는 것밖에 내가 해 줄 수 있는 것이 없었지만, 동생은 그 밥을 먹으면 마음이 편안해진다고 했다. 결국 무너져 엉엉 울며 전화를 걸어오던 어떤 날에는 같이 울고 싶은 마음 아랫입술을 피가 나게 깨무는 것으로 참고 더 쓰고 아픈 소리를 해서 울 것 없다 다그쳤다. 무너지지 않고 의연하게 그 아이 뒤에 서 있어야 할 것 같았다.

착하고 여린 엄마 아부지는 막내딸의 소식이 궁금해도 예민한 아이를 건드릴까 기다리기만 하셨다. 이렇게 아프고 고단하게 지낸다는 말을, 혹여 마음 다칠까 봐 여과지에 거르고 걸러 안부를 전하곤 했다.

이제 녀석은 그간 노력해온 열매가 붉고 예쁘게 잘 영글어가는 계절을 맞이했다. 곁에는 든든한 짝꿍도 생겼다. 참으로 감사한 일이다.

곱슬머리 내 동생은 어려서부터 그림을 참 잘 그렸었다. 벽에 붙여주고 싶고 머리 쓰다듬어 주고 싶게. 어려웠지만 우리 가족이 모두 한 마음으로 녀석의 꿈을 응원하고 키우고 싶게.

아마 이 글을 읽으면 괜한 것을 적었다며 화를 낼지도 모르겠지만. 아픈 조부모를 모시고 살림을 하며 한 번도 쉰 적 없이 일을 하느라 늘 바쁘고 고단했던 엄마를 대신해, 나에게는 언니가 늘 엄마 같았어. 하고 말해주는 녀석의 이야기를 꼭 담고 싶었다. 얼굴을 마주 보고는 못 할 차마 못 전할 애틋함과 깊은 사랑을 글에 담아.

곱슬머리
내 동생

32 소박하고 근사하게

한 번씩 남편과 점심 약속을 한다. 우리 연애할 때처럼 밖에서 만나 점심을 먹고 이야기를 나누고 맛있는 커피를 하나씩 들고는 나는 집으로 남편은 회사로 돌아간다.

먼 곳으로 달리는 밤 버스를 태워 헤져야 하는 매 일요일이 싫었고 집 앞에서 이제 그만 안녕 인사하는 것은 더 슬펐다. 밖에서 만났다가 헤질 때 이따가 집에서 또 만나요. 이 말이 하고 싶어서 우리는 결혼을 했지.

그동안 아이들은 너무 어리고 그래서 나는 늘 정신이 없었고 젊은 회사원은 그 안에서 계속 바빴다. 누구나 겪어가는 그런 시기라고 생각은 했지만 버겁고 아프고 외로운 것은 어쩔 도리가 없었다. 매일매일 차곡차곡 감정을 정리하며 살기에도 여유가 없었는데 지금 우리 정신없는 달리기 중에 아주 잠깐 숨을 고른다. 땀도 닦고 옷도 매만지고 서로의 헝클어진 머리칼도 정돈해주면서.

왜 우리가 함께하기를 그토록 원했었는지를 잊으면 안 된다고 서로의 어깨 토닥여주면서. 이렇게 사소하게 서로의 눈을 바라보며 먹는 밥 한 끼면 충분하다.

따뜻한
밥 한끼

어린이집에서 태오가 친구가 우는 것을 보고는 놀던 장난감을 내려놓고 달려가 친구를 꼭 안아주며 등을 토닥여주었다고 한다. 선생님께서 태오의 예쁜 마음에 감동하셨다고 이야기를 전하시며 조금 우셨다.

태오는 가끔 아무 이유도 없이 갑자기 내게 달려와 안아달라고 했다. 그러면 설거지를 하다가도 고무장갑을 벗어놓고 안아주었고 책을 읽다가도 양치를 하다가도 녀석을 꼭 안았다. 남편도 그랬고 고맙게도 형아도 그래 주었다.

위로가 되는 따뜻한 품은 사랑의 진짜 이름이라는 것을 믿는다. 받은 사랑을 전해준 우리 태오에게 오늘 참 많이 고맙다.

언제나
태오를 안아주었다

35
⋮
겨울

소박하고 근사하게

늘 몇 대 때리는 것으로 시작했다. 살살 얼러도 봤고 제발 손바닥 길게 세워 붙여 부탁도 해봤고 도대체 왜 그러느냐 푸념도 늘어놓았다. 그렇게 해도 심심하면 먹먹한 얼굴을 하고는 글자마저 잘근잘근 씹어 깨쳐놓던 너는 몇 대를 얻어맞고 아예 픽 하고 사라지기 일쑤였다. 내 아주 오래된 데스크톱 얘기다.

너에게 참 많은 이야기를 했다. 내 소중한 시간을 쓰고 그려 너에게 담아두고 혹시 내 나약한 기억력이 다하더라도 너만은 잊지 말아야 해 저장 버튼을 꾹 눌러 차곡차곡 수많은 폴더를 쌓아 두었다. 그래서 네가 간혹 나를 놀리듯 먹먹한 얼굴로 입을 꾹 다물어도 그럴 수 있지 뭐 했었다. 간혹이 가끔이 되고 가끔이 자주가 되고 자주가 거의가 돼버리던 날 네가 나를 놀리려는 게 아니라 이 모든 것을 싸안고 있기에 이제 그만 버거워진 것이 아닌가 하는 생각이 들었다. 작은 불들을 깜빡이며 몸에 달린 팬을 돌려 바람 소리를 아주 오랫동안 내고도 눈을 뜨지 못할 때 알았다.

젖먹이 아가가 잠든 새벽 차 한잔 생각이 간절해도 주전자 만지는 소리가 아이를 깨울까 봐 그만두고 시린 맨발을 감싸 안고 너의 앞에 앉아 너무나 진심이어서 아픈 글들을 도닥였다. 수십 장의 페이퍼들과 원고와 로고들 그리고 포스터를 너와 함께 했다. 함께 해주어서 참 고마웠다.
  내 소중한 기억들을 품은 네가 갑자기 다시 돌아오지 못할까 봐 겁이 났다. 그것보다 인사할 시간도 주지 않고 가버리면 어쩌나 그게 더 무서웠다. 더 이상 내게도 필요 없는 것들은 영영 지우고 켜켜 쌓아놓은 시간을 거슬러 가며 이사를 하는 작업을 했다. 가장 오래된 기억일수록 나는 젊고 아이들은 더 작았다.

너의 기억이 가장 오래된 시간에 멈춰 이제 더 옮길 것 없이 텅 비었을 때 자꾸만 할아버지 생각이 났다. 아이처럼 맑은 얼굴인데 마주 보아도 더는 나를 모르던 텅 빈 눈이 아팠다. 엉엉 소리가 나게 아픈 게 아니라 숨소리도 죄스러운 아픔이었다.

어젯밤 너를 잘 닦아 어두운 방에 옮겨다 놓으면서 기분이 참 이상했다. 새하얗고 납작한 새 노트북은 남편이 생일선물로 사준 것이다. 꼭 필요했던 것이고 마음에도 든다. 다만 이 마음을 어찌 추슬러야 좋을까. 까짓 한낱 데스크톱이 아니고 아주 오랜 시간을 같이 그려갔던 녀석이어서.

나의
데스크톱

밤에 아부지께서 갑자기 전화를 걸어와, 오늘 있었던 일을 얘기해보라고 하셨다. 재희가 배 아프다고 꾀병을 해서 조퇴 시켜 병원에 다녀온 얘기. 아이들 먹인 반찬 얘기 그러다가 지금은 꾀병 환자에 꼬맹이 다 잘 놀아. 로 끝나는 정말 그런 시시콜콜한 일과를 다 들으시고는 그래? 그럼 됐어. 하고는 이만 끊자 하신다. 뭐야아 하고 물으니 아니 그냥 네 목소리 길게 듣고 싶어서. 하고는 미처 내가 대꾸를 하기도 전에 정말로 전화를 끊으셨다.

  그날은 책 인쇄에 들어간 날이었다.

  그리고는 동생에게 이어 전화를 걸어, 언니 일 도와줘 고맙다고 언니가 잘되어서 정말 좋다고 하셨단다. 집안의 곳곳을 찍은 사진을 동생이 그림으로 담아 표지와 삽화로 실었다. 그래서 더 아름답고 귀한 책이 되었는데 이 일은 교정을 보던 날까지 몰랐다. 편집장님의 깜짝 선물이었다. 그 일을 두고 작은딸에게도 고맙다는 인사를 잊지 않으신 것.

  아부지는 늘 내게 너한테 해준 것이 없어 미안하다고 하신다. 하고 싶은 공부를 길게 이어갈 수 없어 멈추고 차곡차곡 돈 모아 손 벌리지 않고 시집을 간 것을 두고 내내 마음을 쓰시는 것 같다. 미안해하시지 말라 해도 늘 같은 말을 하실 때면 저 무게를 어찌 덜어드리나 나도 같이 마음이 아팠다.

  자식의 행복한 모습을 보는 것이 부모 된 사람에게는 가장 큰 기쁨이라는 것을 나도 아이 낳아 키우는 부모가 되어보니 알겠다. 아부지께 이제 정말로 그만 미안해하셔도 된다고 이 벅찬 행복을 선물로 안겨 드릴 수 있어 기뻤다.

나의 사랑하는 엄마 아부지께.
큰딸이 쓰고 작은딸이 그려 함께 만든 책을 드립니다.
멋지고 따뜻하게 길러주셔서 감사합니다.
16년 10월 9일
수경 드림.

하고 앞을 적어 내 첫 책을 선물해 드렸다.

밤에
아부지께서

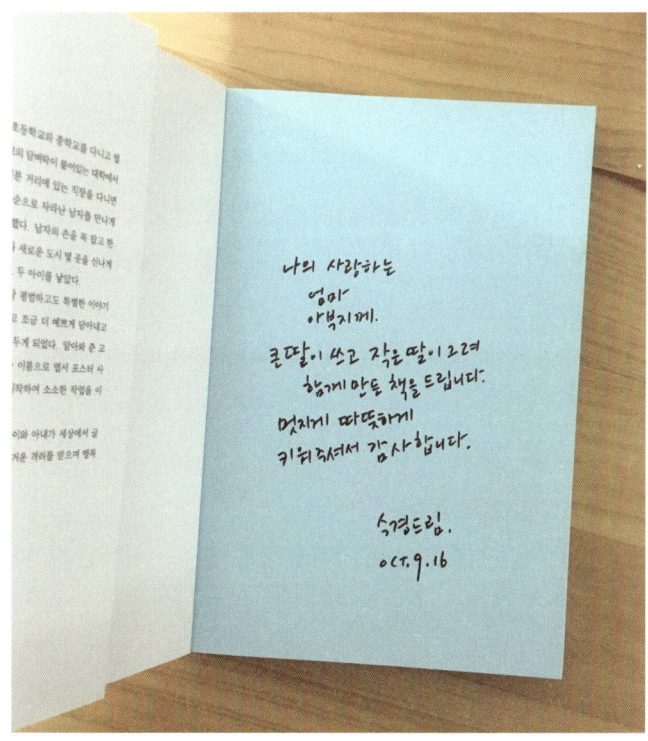

어젯밤 배가 쌀쌀 아프다며 잠든 재희가 침대에 먹은 것을 모두 게워 냈다. 어둠 속에서 나와 남편이 용수철처럼 튕겨 일어나 녀석을 따뜻하게 씻기고 침대보와 베갯잇을 걷어 애벌로 빨고 주전자를 데워 더운물을 먹이고 토닥여 다시 재우기까지의 순간순간의 동작들이 마치 매뉴얼을 적어두고 둘이 연습이라도 한 듯 착착 이었다. 숙달된 조교 콤비 같은 모습에 그 와중에 웃음이 났다.

　그렇게 몇 번을 더 게워낼 것이 없을 때까지 쏟아내었고 녀석을 씻기고 갈아입히고 새 이불을 깔며 나와 남편은 얇디얇은 모시 잠을 조각조각 이어 자다가 아침을 맞았다. 병원에서 장염 진단을 받고 돌아온 녀석이 고단한 약잠을 자고 세탁기가 세 번 돌고 건조가 네 번 돌고 나니 해가 졌다. 푹 자고 일어나 조금 나아졌는지 녀석이 식혜가 먹고 싶다고 했다. 한참 아프고 난 후에 꼭 찾는 것. 남편이 퇴근길에 사 온 깡통 식혜를 천천히 달게 비우고 나서는 국에 밥도 조금 말아 먹었다.

　아. 손발도 착착 참 잘도 맞지.
　나의 남편 나의 동지와 따뜻한 간식을 나누어 먹고 싶어진 밤. 파삭하고 바스라지게 갓 구운 토스트 한쪽에 군고구마 냄새가 나는 뜨거운 커피 한잔을 만들어 남편과 나란히 앉았다.

나의 동지와

욕실 청소할 때 쓰는 고무장갑이 두 쌍 있었는데, 며칠 전에 쓰고 좀 낡았해졌기에 미련 없이 한 쌍을 버렸다.

렌지 후드를 닦느라 꺼내 보고 알았네. 오른쪽만 두 개 버렸다는 것을.

고무장갑

태오가 도깨비를 그렸다. 큰 얼굴에 몸통은 없이 팔다리가 있는 기이한 생김이지만 눈 코 입을 알아볼 수 있게 붙인 것만으로 내게는 큰 감동인 그림이었다. 머리 위로 아주 긴 선이 솟아있기에 태오에게 이거 누구야? 하고 물었더니 도깨비라고 했다. 재희는 색연필을 겨우 쥘 수 있을 만큼 어릴 때부터 그림 그리기를 참 좋아했다. 작은 상을 펴놓고 그림을 그리는 것이 우리의 가장 재미난 놀이였다.
 재희를 그렇게 키웠기에 아이들은 다 그림 그리기를 좋아하는 줄 알았는데 태오는 신기하다는 생각이 들 정도로 그리기에는 별 관심이 없다. 그런 태오의 귀한 그림이니 그것 자체로 감동인 것.
 아주 많이 녀석을 칭찬해주고는 재희의 그림을 그렸던 것처럼 벽 한 켠에 붙여두었다.

 저녁에 태오가 방에서 아니야 아니야를 몇 번이나 외치며 그야말로 앙앙 울어 젖히기 시작했다. 왜 그러느냐 물으니 벽에 붙여놓은 태오의 도깨비 그림이 좀 부족한 것 같아 재희가 마음대로 덧그려놓았다는 것이다.
 태오의 울음이 곧 잦아들었기에 재희만 타이르고 말았는데 시간이 꽤 지난 후로도 태오가 그림 앞에만 서면 갑자기 서러움이 복받친 듯 앙앙 서럽게 울었다. 안 되겠구나 싶어 두 녀석을 불러 앞에 놓고 재희에게 태오만의 생각이 있으니 형이라고 해서 함부로 덧그려 고치는 것은 잘못된 행동이라고 꾸짖었다. 형이 혼나니 태오의 울음이 잦아들긴 했어도 서럽게 어깨 숨을 쉬어서 재희에게 진심으로 사과하라 일렀다. 미안하다는 말을 듣고 서로가 끌어안아 주고 나서야 태오의 울음이 완전히 그쳤다.

남편은 아이들이 저녁을 예쁘게 잘 먹었다고 빵빠레를 하나씩 상으로 사주었다. 저녁 설거지를 끝내고 보니 손톱이 꽤 길었기에 정리하면서 녀석들도 같이 깎아주자 싶어 우선 재희부터 불러 무릎에 앉혔다. 잠깐이면 되니까 먹던 빵빠레는 세워두고.
　재희를 내 무릎에 앉히고 녀석의 목덜미 사이에 내 턱을 얹어야 우리는 한 몸처럼 안전해진다. 그렇게 해야 작은 손톱들의 또 작게 길어진 초승달들을 깎아 낼 수 있으니까. 재희는 안 그런 척하지만 엄마가 제 목덜미로 얼굴을 들이미는 순간을 좋아한다. 언젠가 한 번은 내 머리가 덜 말라 녀석이 차가울까 싶어 멀리 두고 안았더니 녀석이 볼을 당겨왔다. 이렇게 녀석과 꼭 붙어 열 손톱 초승달 잘라내는 그 짧은 순간에 우리는 참 많은 이야기를 한다. 재희 눈에는 부족해 보여도 태오는 태오만의 이야기와 마음이 있는 건데 그걸 고쳐버리면 태오는 마음이 아픈 거야. 하고 이야기를 다시 꺼낸다. 만약에 엄마가 더 잘 그릴 수 있다고 해서 엄마 마음대로 재희 그림에 함부로 손을 대서 고쳤다면 어땠을까. 하니 녀석이 나를 돌아본다. 그렇지? 하니 응. 한다.

　다했다. 하고는 다음 태오 차례. 하고 고개를 들어보니 글쎄 태오란 녀석이 형아가 잠깐 세워둔 빵빠레까지 두 개를 양손에 쥐고 한입씩 번갈아 먹고 있다. 입과 볼에 잔뜩 크림 칠을 하고서. 그 모습을 보고 이번엔 재희가 앙 하고 운다. 아아 아름답기만 한 엔딩은 없는 삶이여.

도깨비와 빵빠레

오전에 우체국에 소포를 부치러 갔다. 주소를 적는 동안 할머니 한 분이 곁에 가까이 서 계시다 싶었는데 내가 펜 뚜껑을 그만 닫는 것까지 다 기다리신 후에 말을 건네 왔다. 구겨진 메모 한 장을 보이며 내가 잘 몰라 그러는데 이 상자에 이걸 좀 옮겨 써줄 수 있느냐고 물으신다. 아 그럼요.

받는 이의 이름에 그럴 리 없는 모음 하나가 더 붙어있어 혹 외국 이름이나 내가 잘 모르는 세례명일까 다시 여쭈었더니 역시 하나를 뺀 것이 맞았다. 이름을 적고 주소 메모를 다시 보니 받침이 하나씩 사라지거나 소리 나는 대로 모음도 엉뚱히 붙어있다. 그래도 불러주는 대로 하나하나 받아 적었을 것이 틀림없는 꼬부랑글자들과 숫자들을 부끄러하시는 할머니께 더는 안 여쭙고, 내 재간으로 잘 맞추어 또박또박 큼직하게 적어드렸다.

품목을 적어야 했기에 할머니 여기 뭐가 들어 있어요? 하니 옷이라고. 겨울옷이라고. 보내는 이의 할머니 이름이 받는 이의 이름과 둘째 자리까지 닮았다. 어느 쪽이 위일까. 아마도 옷을. 겨울옷을 싸안고 와서 박스에 담아 보내는 쪽이 아닐까. 아니다 더 나이가 많은 언니에게 따숩게 지내시라 동생이 보내는 것일지도. 다 적는 것을 기다리면서도 몇 번씩이나 고맙다고 다 적고 나서는 허리를 굽혀 자꾸만 미안하시다는 할머니께 아니라고 고개를 저었다.

저녁 짓는 동안에도 아이들 옷 갈아입히고 밥 먹이는 동안에도 자꾸만 우체국에서 만난 할머니 생각이 났다. 소포는 잘 도착했을까.

소포

47

겨울

우리의 인연은 어느 날 저녁의 메세지 한 통으로 시작되었다. SNS를 통해 서로에 대해 알고는 있었지만 특별히 긴 이야기를 나눈 적은 없는 그런 사이였다.

할머니와 할아버지를 열날 사이를 두고 함께 보내드린 가을. 차마 열어볼 수도 무언가 정리라는 것을 할 수도 없는 그 마음 그대로 아이들을 먹이고 빨래를 하고 실없이 웃고 때때로 넋을 놓고 시간 위에 바람 부는 대로 흘러가는 종이 쪽배처럼 그렇게 휘엉휘엉 지내던 날들이었다.

이제부터 적는 것은 그녀의 꿈 이야기다. 돌아가신 그녀의 어머니께서 우리 집에 가자고 하셨단다. 공원에서 만나 우리 두 아이와 재미나게 잘 놀고 이만 헤어질 때 우리 집에 꼭 가보고 싶다고 하셨다는 것. 평소 선하고 남에게 폐 되는 일은 하지 않는 어머니인데 그날따라 이상스런 고집을 부리셨고 내가 괜찮다고 같이 가시자고 했단다. 그렇게 모신 우리 집에서 내가 된장찌개를 끓여서 맛있는 저녁을 지어드렸다고 했다. 꿈인데도 된장 끓던 냄새가 생생하다고.

어머니께 맛있는 저녁을 지어주어서 고맙다고 그녀가 내게 보낸 메세지에 그렇게 썼다. 멀리 떠나보낸 이를 꿈에서라도 만나고 싶은데 그것조차 마음대로 되지 않는다는 것을 나도 절절히 안다. 꿈에서 만난 어머니가 너무 반가 와서 된장찌개를 끓여준 내가 너무 고마워서 이 이상한 꿈 이야기를 전하게 되었노라고. 울며 잠에서 깬 그녀를 보고 남편분이 장모님 오래간만에 만나서 반가웠겠네. 하며 같이 우셨단다.

나 된장찌개 하나는 정말 잘 끓이는 사람인데 너무 다행이라고 너스레를 떨며 답장을 했지만 며칠 동안 메세지를 읽고 또 읽으며 참 많이 울었었다. 나는 인연을 믿는다. 우리 할아버지는 천사처럼 선한 분이셨다. 그녀도 어머니께서 아주 좋은 곳에 가셨을 거라 믿는다 했다. 선한 이들이 모이는 그곳에서 통성명하며 우리 손녀딸이랑 그 집 딸이랑 친구 하면 좋겠네. 하셨을 것만 같다.

  우리는 어쩜 그렇게 이어진 인연인 것만 같아서 광활하면서도 야트막한 관계들로 얼기설기 짜여진 이 공간에서 만난 그녀가 자꾸 마음이 쓰이고 좋고 만나고 싶고 그랬나 보다.

  지난여름 그녀가 나를 먼저 찾아주었고 오늘 다시 만나 같이 밥 맛있게 먹으며 차마 열어보기도 어려웠던 아픈 얘기들을 그 어느 때보다 편안히 털어놓고 돌아왔다. 집에 돌아와 아이들 하원 하기 전 잠깐 동안 눈을 감고 누워있었다. 여운이 긴 만남. 우리 헤어질 적에 앞으로 자주 보기로 약속했다.

인연

일요일 밤 다시 서울 가는 아홉 시 버스에 그를 태워 보낼 때. 겨울 해가 속절없이 짧고 날이 너무 추워 그 밤이 더 미웠다. 내내 잡고 있던 손을 놓고 이제 그만 헤져야 할 시간이 되면, 아쉽다는 간단한 말로 다 못할 서러움이 북받쳐 하나는 창안에서 또 하나는 창밖에서 창피한 줄도 모르고 울던 날도 있었다. 강남 어디 회사에 출근하는 번듯하고 말쑥한 사회초년생이던 그는 사실 제 커단 몸 하나 구겨 누이고 양복을 털어 걸어놓으면 꼭 차는 작은 벽을 가진 고시원에서 우리가 결혼해 아주 작은 빌라 3층을 얻을 때까지 살았다.

생각해보니 우리 꿈은 아주 소박한 것이었다. 따뜻하고 작은 공간에서 일요일 밤 더는 안 헤지고 같이 있는 것.

남편이 내내 일이 바빠 늦고 오늘도 너무하다 싶게 책상 앞에만 앉아 있다. 그도 하고 싶어 그러는 것이 아닌 줄 알면서도 서운한 마음이 들었다. 해가 일찍 내리고 너무 추운 일요일 밤 또각또각 그의 마우스 움직이는 소리를 들으며 가만 앉아 있다가 괜히 그날들이 떠올랐다. 아무렴 그날들보다 낫다. 우리 이렇게 같이 있고 그에게 따뜻한 커피를 만들어 책상 한쪽 맡에 올려놓아 줄 수 있어서.

아무렴
낫다

나는 영화의 어느 한 장면이 유난히 좋아서 그 장면을 보기 위해 영화를 새로 다시 보는 일이 많다.
　〈새 구두를 사야해〉라는 영화에서는 키쉬를 만들고 꽃집에서 하얀 꽃을 사 오는 부분을 매번 돌려본다. 남녀가 택시를 앞에 두고 작별할 때, 긴 포옹을 뒤로하고 남자를 태운 택시가 출발하자 순간적으로 눈부시게 빛나던 햇빛이 사라지는 그 몇 초도 정말 좋아한다. 분명 한 공간인데 순간적으로 바뀐 각도 속 빛의 뒷면은 어둠이었다. 어둠과 함께 먹먹한 슬픔이 고스란히 전해져오는 부분이어서 감독의 의도인지는 모르겠지만 늘 볼 때마다 손이 저릿저릿하다.
　〈세상의 끝에서 커피 한 잔〉에서는 아이에게 정성스럽게 내린 커피를 맛보게 하는 부분이 정말 좋다. 구수하다며 감탄하는 아이의 맑은 눈빛과 그렇지? 하고 기뻐하는 커피가게 주인이 교감을 나누는 부분이. 〈마더워터〉에서는 두붓집 앞의 벤치에 나란히 앉아 막 만들어 식힌 새하얀 두부에 간장을 조금씩 올려 먹는 부분을. 〈카모메 식당〉은 거의 모든 것이 좋지만 도둑 아저씨까지 모두 모여앉아 오니기리를 만들어 먹는 장면을 좋아한다.

　오래간만에 〈산의 톰씨〉를 다시 보았다. 여운이 남아 검색을 해보다가 이 영화 역시 일본 작가 무레 요코의 소설이 원작이 되었다는 부분을 읽고 한 번 더 고개를 끄덕였다. 같은 작가의 소설이자, 모두 영화와 드라마가 된 작품들 〈카모메 식당〉과 〈빵과 스프, 고양이와 함께 하기 좋은 날〉 그리고 〈산의 톰씨〉는 서로 닮아있다는 생각이 든다. 특히나 원작자가 같은 두 개의 영화와 드라마의 주인공이 모두 같다는 점이 근사하다.

〈카모메 식당〉으로 얼굴을 알린 코바야시 사토미가 이야기를 이끌어 가는 분위기를 정말 좋아한다.

　20대 후반쯤 되었을까. 핀란드에서 작은 일본식 식당인 〈카모메 식당〉을 꾸리던 그녀. 40대에는 갑작스럽게 어머니를 여의게 되면서 다니던 출판사를 그만두고 어머니가 운영하시던 작은 식당을 개조해 빵과 스프를 파는 작은 가게를 연다. 〈빵과 스프, 고양이와 함께 하기 좋은 날〉, 그리고 중년에는 원고를 쓰는 일을 하면서 산속 마을에 들어와 텃밭을 일구며 산다. 톰이라는 아주 작은 고양이를 키운다. 〈산의 톰씨〉.

　소설 속 주인공과 배우가 함께 나이를 먹어가며 세 이야기는 한 사람의 일이라고 해도 좋을 만큼 시간을 따라 자연스럽게 흘러간다.

　많은 영화들이 좋은 순간을 남기지만, 시간이 흐른 뒤에도 다시 열어 보고 싶게 만드는 영화들은 나의 일상과 결이 닮아 있다는 생각이 든다. 평범한 날들 속에서도 마음을 다치게 만드는 아주 작은 티와 사소한 굴곡은 언제나 있다. 사건이라 할 만한 일 없이 잔잔히 흘러가는 것처럼 보이는 일상 안에도 고민은 늘 있다.

　답은 이거야! 하고 가르쳐주지는 않지만 이 이야기들을 보고 나면 고민을 겹겹 에워싸고 있던 끈이 어쩐지 느슨히 풀려 편안해진 기분이 들곤 한다. 마음이 고단한 날, 보고 또 봐서 대사를 외우게 된 이 영화들을 다시 열어놓는 이유.

좋아하는 영화들

햇볕이 좋아 창 앞에 앉아 점심을 먹었다. 유치원 졸업식을 하고 첫 등교를 하기까지 우리에게 며칠간의 여유시간이 주어졌다. 이날은 마침 녀석의 생일이었다. 생일자가 먹고 싶은 음식은 미역국과 불고기 카레와 달걀 샌드위치였는데. 종류가 너무 많아서 세끼에 걸쳐 나누어 먹기로 했다.
　점심에는 카레를 만들었다. 린넨보를 깔고 녀석의 졸업식에 안겼던 노란 튤립을 놓으니 이대로도 근사한 식탁이 만들어졌다. 레몬 조각을 넣은 유리 저그에 물을 가져다가 컵에 따라주니 누가 그러자 한 것도 아닌데 식당 놀이가 시작되었다.

　유리 저그 속 레몬조각 때문이었는지 나는 문득 이 이야기가 떠올라 재희에게 들려주었다.
　어떤 아저씨는 여행을 무척 좋아해서 다른 여러 나라들을 두루 보러 다니는데. 한번은 아주 더운 나라에 갔었대. 그런데 너무 지쳤던지 목이 계속 말라서 물을 사다가 마시고 그래도 목이 개운해지지 않아서 또 물을 사다가 마시고 그랬대. 그런 모습을 보고는 호텔 입구에 있던 과일가게 아저씨가 잠깐만 이리 와보라고 했더래. 그러더니 라임을 (라임이 뭐야?) 응 레몬이랑 비슷한데 새콤한 맛이 나는 과일인데 겉이 연두색이야. 그 라임을 봉지에 몇 개 넣어주면서. 이걸 물에 넣어서 한번 마셔보라고 그러더래. (엄마 근데 그 아저씨들은 말이 통했어?) 아니 아마 손짓발짓으로 이야기를 했는데 서로 알아들은 거겠지. (그래서 어떻게 됐어?) 방으로 가서 그 라임을 물에다가 넣어서 마셨는데 새콤한 맛 때문인지 목마름이 줄어들고 기운이 났대. (진짜? 신기하다 진짜.) 그렇지? 그래서 그 과일가게 아저씨에게 정말 고맙다고 인사를 하고 돌아왔대. (신기하다.)

그리고는 책 쌓아놓은 선반에서 이병률 작가의 〈끌림〉을 꺼냈다. 녀석이 잠자코 내가 하는 모양을 본다. 투루룩 넘겨서 커다란 수레 가득 라임을 쌓아놓고 있는 멕시코 과일가게 아저씨의 사진을 찾아내서 녀석에게 내민다.

바로 이 아저씨야. 하니 녀석이 세상 신기하다는 얼굴로 사진을 번갈아 보며 글을 읽어 내렸다. 녀석이 재미있어하니 내가 더 신이 났다. 거실 한가운데로 꺼내놓은 녀석들의 책장 한쪽에 그 책을 기울여두고는 더 읽고 싶으면 읽어도 좋아. 했다.

다음날 잠이 일찍 깬 녀석이 먼저 거실로 나와 소파에 앉아있기에 늘 하던 것처럼 잠이 묻어있는 부스스한 머리칼을 쓸며 재희 안녕. 하고 첫 인사를 건넸다. 자세히 보니 녀석이 꺼내 읽고 있는 것이 어제의 그 책이었다. 순서대로 제법 긴 페이지가 넘어와 있었다.

남편 말이 재희가 아빠와 샤워를 하면서 라임 넣은 물을 마시면 목이 안 마르다는 얘기를 해주고는 또 뜬금없이 귀뚜라미는 떡을 좋아해? 귀뚜라미를 사람이 키울 수도 있어? 하고 물었더란다. 뜬금없는 것이 아니라, 그 책 속에는 작은 구멍이 난 함을 든 할아버지의 사진이 담겨있고 그 함에 하얀 떡을 조그맣게 잘라 넣기에 자세히 보니 귀뚜라미가 들어있더라는 에피소드가 적혀있다는 것을 나는 기억하고 있다.

색과 선만으로 만들어진 손바닥만 한 그림으로 시작해서 동물 그림을 보며 어흥 멍멍 야옹 하는 소리 들을 가르치고 녀석이 잘 따라 하면 박수를 쳐주던 날들. 짧은 그림책을 넘어 글 밥을 조금씩 늘려가며 동화책을 읽어주었고 어떤 날에는 엄마가 하도 읽어주어서 외워버린 것들을 제 나름대로 구연해주기도 했었다. 그렇게 시간이 지나 아이는 어느 날 글을 읽을 수 있게 되었고 천천히 소리 내어 읽던 것을 이제는 속으로 빨리 읽어 내려갈 수도 있게 되어서 가끔 책에 몇 시간씩 푹 빠져있는 아이를 보면 그것만으로 신기하고 기특한 생각이 들었었다.

   그런데 이제 재희가 내가 읽었던 책을 물려 읽으며 그 안의 이야기를 함께 나눌 수 있게 되었다는 것이 그렇게 감격스러울 수가 없다.

   아 꼭 기록해두고 싶었던 그 날. 좋은 책을 더 많이 읽어야지. 좋은 책의 이야기들을 녀석에게 많이 전해주어야지. 그리고 좋은 책을 쓸 수 있는 좋은 사람이 되어야지 하고 다짐했다.

기억하고 싶은
어떤 날

소박하고 근사하게

57 겨울

기침이 떨어지지 않아 병원에 다녀왔다. 남편에게 태오를 부탁하고 십분을 걸어 병원 일층에 약국, 안경코가 어디서 빠졌는지 사라져버려 새로 다느라 안경점. 그리고 신호등건너에 커피집에서 따뜻한 커피 한잔을 사들고 집으로 돌아오는 길. 말쑥하게 털을 빗은 봄까치가 목련나무에 가 앉아 노는 것을 데자뷰처럼 두 번이나 보았다. 안개가 들어있는 졸업꽃을 든 여고생 몇이 바람 불 때마다 앞머리를 꼭 잡고 별것 아닌 옆 남자아이 농에도 낄낄거리며 나를 지나쳐갔다. 미용실 앞에 널어놓은 수건이 후드근히 말라간다. 급하고 웃긴 그 집 언니 말투처럼 비죽비죽 급하고 재미나게 널렸다.

오늘 날씨 참 좋네. 한 시간도 못되는 혼자만의 외출, 잠깐 걷는 시간이 내게 꼭 필요했다.

봄
spring

태오는 새로운 신발을 보면 도깨비를 본 것처럼 앙앙 울었다. 신이 작아 발등이 볼록하게 솟아 때똥때똥 걸으면서도 새 신발은 절대로 안 신겠다며 목을 놓아 울었다. 신발을 좋아하게 해보려고 속에 사탕을 넣어 보물찾기도 해보고 뭐든 형아를 따라 하는 녀석이니 똑같은 것을 사서 형아랑 짝꿍이라고도 해보았지만, 한겨울에 눈 쌓이고 칼바람이 부는데도 털 부츠는 절대 안 신겠다고 현관 앞에 누워 앙앙 울다가 기어이 얇디얇은 제 천운동화에 발을 꿸 때 두 손 두 발을 다 들었었다.

신기하게도 태오의 마음이 움직인 것은 봄의 일이다. 재희에게 하늘색 운동화를 사주었는데 무엇 때문이었는지 녀석이 형아의 새 신을 무척 질투했다. 외출을 하게 되면 맞지도 않는 형아의 신을 먼저 차지하기 위해 현관으로 달려가는 녀석을 보고 드디어 기회가 왔다며 그 길로 신발 가게에 데려가 새것을 사주었다. 오늘 신고 나온 비 장화는 그러니까

처음으로 신어보는 것이다. 아니 고작 신발을 신기는 게 뭐 그리 어려울까 싶지만 모르는 사람은 정말로 모르는 감격의 날이었다.

  두 발자국 겨우 떼던 걸음을 세 번으로 늘린 어떤 날처럼. 두 번째 이가 뽀롱 돋아나고 변기에 혼자 쉬야를 하고 엄마하고 불렀던 그 어떤 날처럼. 보통의 날이 엄마에게는 매일매일 특별한 이유.

  우리 여행 갔던 바닷가에서, 모래를 다 못 털어 끈을 여미지 않고 걷는 나를 보고 달려와서는 안 된다고 안 된다고 쪼그리고 앉아 내 샌들 끈을 꼭꼭 채워주던 태오. 다 채우고는 나를 보며 꽃처럼 웃던 우리 태오. 태오는 태오만의 박자를 따라 너무나 예쁘게 잘 자라고 있었다. 언제나 나처럼 기다려주면 된다는 것을 잊지 말아야지.

신발과
태오

입학식 전날 남편은 두 아이를 데리고 미용실에 가서 머리를 깔끔하게 다듬어 왔다. 저녁에는 더 챙길 것도 없는 녀석의 책가방을 몇 번씩이나 열었다 닫으며 괜히 혼자 분주했다. 저녁 식탁을 치우고 나서 남편에게 조금 늦었지만 우리 잠깐 밤마실 다녀올까. 했다.

우리의 밤마실 단골 코스인 햄버거 가게에 가서 재희는 감자튀김과 딸기쉐이크 태오는 콘아이스크림 남편은 레몬에이드 나는 떠먹는 아이스크림을 주문했다. 주차장에 차를 세워두고 창에 비가 반짝반짝 부딪히는 것을 구경하며 각자의 차가운 것들을 맛있게 비웠다. 그리고 돌아오는 길에 녀석이 앞으로 다닐 학교 앞에 차를 세우고 잠깐 서 있었다. 밤마실은 사실 이 짧은 예습을 위한 핑계였다. 녀석이 학교를 보니 "폭발할 것처럼 떨려." 하고 말했는데 그 표현이 갑작스럽게 너무 크고 센 것이어서 우리 모두 깜짝 놀라 웃었다.

아 꽤나 잠을 설쳤다. 정말 이상한 마음이었다. 여덟 살 아이를 둔 엄마의 마음과 여덟 살 아이였던 어린 내 마음이 번갈아 밀려왔다가 멀어지기를 반복했다.

아침 다섯 살 엉아 때오를 어린이집 형님 반에 먼저 데려다주고 재희와 첫 등교를 했다. 녀석을 아이들 무리에 줄 세워주고 뒤로 물러나 섰다. 모든 엄마 아빠의 마음은 꼭 같았을 터이지. 뒤에 물러나 있지만 조금 더 내 아이 가까운 곳에 아이가 낯설고 겁나는 얼굴로 뒤를 돌아보았을 때, 엄마 여기에 있으니 괜찮다고 걱정 말라고 웃어 줄 수 있는 거리에 있고 싶었을 거다. 넓은 강당 자리는 넉넉한데 자꾸만 아이들 곁으로 엄마 아빠가 몰리기 시작하자, 마이크를 든 선생님은 연신 학부모님들은 조금 더 뒤로 물러나 주세요 외쳤다. 그 말을 들으면 뒤로 물러났다가도 아이가 뒤를 돌아보면 어느새 발이 또 앞을 내딛고 까치발을 섰다. 키가 큰 아빠들에게 가려 녀석이 나를 돌아보는 것을 보았는데도 내 얼굴을 못 보여주었을 때는 글쎄 그게 뭐라고 막 애가 탔다.

  강당에서의 입학식을 끝내고 각자의 교실에 모여 앉아 이야기 나누는 시간을 가졌다. 선생님 이름을 기억하는 친구가 있냐는 질문에 재희가 손을 번쩍 들었다. 세상에 우리 재희를 정말로 시킬까 봐 꼭 내가 학생이 된 것처럼 떨렸다. 이름을 칠판에 눌러 적고 아이들 편으로 돌아선 선생님께서 갑자기 물었다. 선생님은 무얼 잘할 것 같아요? 하고. 잔뜩 긴장해서 쭈뼛대던 아이들이 선생님은요 노래를 잘 불러요. 하는 자문자답에 봇물처럼 말을 쏟아냈다.
  칠판에 글씨를 잘 쓸 것 같아요. 공부를 잘 할 것 같아요. 레고로 로봇을 잘 만들 것 같아요. 피아노를 잘 칠 것 같아요. 그럴 때마다 선생님은 아이의 눈을 들여다보며 맞아요. 맞아요. 선생님은 공부를 정말 잘해요. 레고로 로봇도 진짜 잘 만들어요. 피아노도 진짜 잘 쳐요. 나중에 같이 치면서 노래도 불러요. 하셨다.
  어느 정도 아이들의 말이 잦아들고 나니 선생님이 그러셨다. 선생님이 잘 하는 모든 것들을 여러분에게 가르쳐 줄 거에요. 아 이 마음이 무어였을까. 순식간에 긴장이 녹으며 손쓸 사이도 없이 눈에서 짠물이 꿀럭하고 쏟아졌다. 선생님도 밤잠을 설치며 만나게 될 아이들을 상상했을 것이다. 그 조말조말한 아이들의 손을 잡고 온 엄마 아빠에게 무어라 마음을 전해야 좋을까 고민하셨겠지.

몇 가지 말씀을 듣고 나누어 주신 종이를 받아들고 재희와 손잡고 집으로 돌아오면서 녀석의 옆얼굴을 슬쩍 보니 표정이 좋았다. 함께 하지 못한 아빠가 전화를 걸어와 한참 말을 주고받는데 녀석이 끝에 재미있었어. 한다. 형아반 첫날이었던 태오도 일찍 돌아와 두 아이에게 모처럼 갓 만든 점심을 차려주었다. 설거지를 하고 커피를 만들어 와보니 소파에 앉아있던 두 녀석이 어느새 꼬닥꼬닥 졸고 있다. 녀석들도 꽤 긴장한 하루였겠지. 아이들을 침대에 차례로 눕히고 나와 헤드는 자리에 앉아 잠깐 눈을 감았다. 털신과 두꺼운 외투를 벗은 것이 얼마 전인데 거짓말처럼 해가 길고 따뜻했다. 새로운 삼월을 응원하듯이.

입학식 날

녀석이 방과 후 교재를 놓고 갔다는 것을 등교를 시키고서야 깨달았다. 3월은 매일 매일이 처음인 것 같다. 오늘은 처음으로 5교시를 하는 금요일이고 처음으로 혼자서 방과 후 교실을 찾아 수업을 들어야하는 날이기도 하다. 다른 반은 아직도 아이가 걱정되어서 복도에 들어가는 엄마도 있다고 하던데. 첫날부터 '엄마는 절대 교문 밖'이라는 규칙이 철저히 적용된 녀석의 반 분위기에. 창문으로 빼꼼 엄마의 머리를 드러내지 않고 복도로도 절대 들어가지 않고 녀석에게 교재를 슬쩍 전해줄 수 있는 방법이 뭘까. 안절부절 이라는 말의 뜻을 오늘 제대로 알았다.

　2교시 끝나고 30분 동안 쉬는 중간놀이시간에 뒤편에 있는 작은 놀이터에서 친구들과 나와 논다는 이야기를 녀석이 했었다. 시간 맞춰 몸을 괜히 작고 납작하게 만들어서 놀이터 담벼락에 서있었다. 종소리가 울리니 조말조말한 일학년들이 쏟아져 나왔는데 정말로 그 사이로 녀석이 보였다. 얼마나 가슴이 뛰는지 재희야! 하고 얼른 불렀다. 녀석이 신을 갈아 신다가 허공 어딘가에 시선을 멈추고 목소리의 여운을 더듬더니 에이 그럴 리가 하듯이 고개를 털고 일어섰다. 분명 내 목소리를 들었는데 이 시간 이곳에 엄마가 있을 리 없으니까. 다시 재희야! 하는데 또 못 볼까봐 막 애가 탔다. 두리번거리던 녀석과 눈이 딱 마주치자 정말로 엄마네 하듯이 녀석이 놀라 손을 흔들었다.

　책 놓고 가서 가져왔어. 하고 담사이로 넘겨주고는 엄마 갈게 이따 만나. 하고 돌아서는데 녀석이 어쩐지 울 것 같은 표정을 지었다. 기분이 너무 너무 이상했다.

매일이 처음

66 ⋮ 소박하고 근사하게

재희가 학교 콜렉트콜로 전화를 걸어왔다. 상대방이 누구인지 확인하세요. 하는 음성안내 뒤에 녀석이 "나는 이. 재. 희." 라고 정말 또박또박 말했다. 실은 이미 학교로 마중을 나간 뒤여서 수화기를 두 손에 공손히 들고 또박또박 큰 목소리로 자기의 이름을 말하고 있는 녀석 뒤에 서 있는 중이었다. 그 모습이 세상 귀엽고 우스워서 내가 못 참고 깔깔 웃고 말았다. 깜짝 놀라 뒤를 돌아본 녀석이 아하 뭐가 잘못됐는지 이제야 알았다 하듯이 엄마 이거 들었어? 하고 물었고 대답대신 둘이 정말 넋을 놓고 웃었다. 녀석에게는 자신이 누구인지 알려주세요. 하는 음성안내가 나왔단다. 기계에게 나를 소개해주어야 엄마랑 연결이 되는구나 생각하고는 혹시나 못 알아들을까봐 "나는 이.재.희." 크고 또박또박하게 말해주었다는 정말 정말 귀여운 이야기.

나는
이.재.희

일주일에 한번 재희 반 친구들에게 그림책을 읽어주러 학교에 간다. 첫 구연을 앞두고 얼마나 긴장이 되었는지, 열심히 읽고 또 읽어도 책이 끝나지 않는 악몽을 꾸고 말았다. 엄마는 책을 재미있게 잘 읽으니 걱정하지 말라고 너무 떨린다는 내게 재희가 고마운 격려를 해주었다.

재희에게는 이미 여러 번 읽어준 것인데 녀석이 또 열심히 듣는 것을 보니 기운이 났다. 고맙게도 스물여섯 명의 아이들이 단 한아이도 빠지지 않고 내가 읽는 이야기에 귀를 기울여주었다. 어설픈 구연에도 웃기려 하면 웃어주고 놀래어 주려하면 놀라주었다. 시키지 않아도 뒷이야기를 상상해 얘기해주는 아이도 있었다. 책장을 덮고도 그 반짝임이 여전해서 너무 짧은 것을 골라온 것이 아쉬울 정도였다. 마지막에는 우리 모두 감사합니다. 하고 인사하기로 했다. 나는 이야기를 잘 들어주어서 감사합니다. 했고 아이들은 읽어주셔서 감사합니다. 했다.

담임선생님께서 내가 책을 읽어주는 사진을 몇 장 담아 메시지를 보내주셨다. 어머님 들어오실 때 재희 표정 보셨나요? 꼭 함박꽃 같았어요. 하고.

교단에 선 것이 정말 오래간만이다. 결혼을 하기 전까지 꽤 오랜 시간 아이들에게 국어를 가르치는 일을 해왔다. 선생님이 아닌 채로 내 아이가 앉아있는 교실의 교단에 선 기분을 한 말로 설명할 수 있을까. 아주 아득히 먼 옛날의 나로부터 지금까지 거슬러오는 수많은 이야기들이 두서없는 감정처럼 왈칵 쏟아져 내리는 기분. 긴긴 세월 수많은 사건들이 줄여지고 줄여져 역사서 한 페이지의 한 귀퉁이에 나는 마침내 엄마가 되었습니다. 하는 문장을 적은 것 같은 순간이었다.

함박꽃

1

　학교에서 일찍 돌아오는 수요일은 특별한 일이 없는 한 재희와 함께 도서관에 간다.
　처음에는 한 번에 일곱 권을 빌려 볼 수 있는 데 반납일을 잘 지키고 매주 책을 읽으러 가면 열네 권의 책을 빌려볼 수 있도록 해주신다. 책을 열심히 잘 읽는 친구들에게 주는 도서관의 특혜.
　녀석은 추리 탐험 책들이 있는 곳에서 꽤 한참을 서있는데 다른 책들에 비해서 표지가 유난히 나달거리는 것을 보면 초등학생들에게 인기도서인 모양이다. 재희가 추리서를 고르는 동안 나는 엄마가 읽어주고 싶은 조금 긴 이야기를 찾아 두 권정도 넣는다. 중간 중간 만나 서로 고른 책을 보여주고 재미있을 것 같은지 의견을 물어보기도 한다. 태오가 읽을 만한 그림책은 재희와 엄마가 함께 고른다. 한권쯤 정말정말 웃긴 책도 꼭 빌린다. 서현작가님의 〈간질간질〉이나 윤지회작가님의 〈뽕가맨〉 같은 것들.

　동네 도서관은 걸어서 십오분 정도의 거리에 있는데 제법 크고 정돈도 잘 되어 있다. 그렇게 지척에 두고도 이런 이유 저런 이유 게으름을 피우다가 재희가 학교에 입학하고 나서야 등록을 하고 카드를 만들었다. 카드를 발급 받던 날 사서선생님께서 책을 많이 읽으면 꿈을 이룰 수 있을 거에요. 하고 말씀하시면서 두 손으로 카드를 건네주셨다. 상장을 받는 것처럼 역시 두 손으로 제 이름이 반듯하게 새겨진 카드를 받아들던 아이의 표정에서 나는 어떤 믿음 같은 것을 읽었다. 아이는 정말로 책을 많이 읽으면 꿈을 이룰 수 있다고 믿는 것 같았다.

어른의 말 한마디 행동하나가 막 싹을 틔워가는 아이들에게 어떤 영향을 주는지를 보여주는 장면이 아닌가 싶다. 사서선생님께서 진심으로 건네주신 말씀에 나도 마음이 저릿했다.

도서관에는 방대한 양의 그림책들이 나름대로 문학 철학 과학 등의 분류를 달고 꽂혀있었다. 같은 이야기를 담은 책도 출판사별로 편집을 달리해 여러 권 놓여있어서 어떤 것을 골라야할까 고민하지 않을 수 없다. 지금까지는 내 나름대로 내용이나 저자에 대해 알아보고 한 두 권씩 책을 골라 사주거나 많은 이들에게 회자되거나 추천받는 도서들은 서점에 가서 직접 읽어보고 골라주기도 했다.

도서관에서 책을 고르는 일은 생각보다 쉽지 않았는데, 아이도 나도 무엇을 고를 것인가 고민이 너무 많아서 꺼냈다 집어넣었다가를 반복했다. 꽤 심혈을 기울여서 골라온 책도 막상 집에 와서 읽다보면 아예 손이 안가는 것들이 나왔다. 좋은 메세지가 담겨있는 것은 분명한데 읽기에 지루하거나 어려운 것들도 있었는데 이런 것은 대부분 엄마의 욕심이 더해져 골라온 것들이었다고 고백한다. 시작과 결론만 있는 편집이 무척 부족한 책들도 있어서 이런 경우는 중간에 너무 생략해버린 내용을 다시 설명해주어야 해서 몰입이 떨어졌다.

태오는 엄마와 형아가 책을 고르는데 있어서 너무나 중요한 사람이었다. 글밥이 제법 되는데도 태오가 귀 기울여 듣고 다음 페이지를 궁금해하는 책들은 여러 번 다시 읽어도 재미가 있었다. 꼭 교훈이 없어도 꼭 철학을 담고 있지 않아도 그것 자체로 즐겁고 따뜻한 이야기들은 태오가 제일 먼저 알아보고 다시 읽어달라고 했다.

같은 의성어가 절반이 넘는 어떤 책은 읽을 때마다 아이들이 박장대소를 하고 웃었다. 아이들이 남편이 저녁을 다 먹기를 기다렸다가 아빠 버전으로 새로 읽어달라고 했는데 남편의 입에서 이게 도대체 뭐야. 하는 소리가 나올 만큼 웃긴 책이었다. 남편도 웃고 아이들은 남편이 웃을 것을 기다렸다는 듯이 따라 웃었다. 정말 재미있는 책을 꼭 빌려야하는 이유는 바로 이것. 우리가 아이들과 함께 그림책을 읽는 즐거움의 한가지는 웃음이다.

그렇게 두주쯤 지나고 나니 아주 조금이지만 우리가 읽고 싶은 책을 고르는 방법이 보이는 듯 했다.
도서관에 걸어가면서 아이와 어떤 책을 읽고 싶은지 고민해보는 것도 재미있는데 꼭 계획대로 되지는 않아도 이 시간의 대화들이 귀하다.
아이의 생각에 무엇이 자라나고 있는지 들여다 볼 수 있는 귀한 기회인 것 같아서 참 고맙고 좋다.
수요일이 기다려지는 이유.

2

베란다창문을 뜯어서 눕혀놓고 그 위에 밀가루반죽을 한 국자 떠 올리면 그대로 밀전병이 될 것 같은 날이었다. 수요일이었지만 폭염 속을 걸을 걱정에 오늘은 도서관에 가는 것을 살짝 빼먹고 싶기도 했다. 그러나 재희는 전혀 그럴 생각이 없었다.
날씨가 좋다면 이야기를 나누며 걷기에 딱 알맞은 거리. 버스로는 세

정거장인데 이 폭염 속에서 반납할 책을 잔뜩 짊어지고 15분을 내리 걷는 것은 무리일 것 같아 버스를 타기로 했다. 시원한 도서관에서 땀을 충분히 식히고 재미있을 것 같은 책을 빌리고 나니 기운이 났다. 쭈쭈바를 하나씩 물고 걸어 집으로 돌아가는 길. 숨마저 흡흡 더운 날이라 땀이 뚝뚝 떨어지지만 이 녀석의 땀난 손과 팔을 찐득찐득 감싸 안고 낄낄거리며 걸을 수 있는 이 여름이 참 감사하다고 생각했다. 지금이 아니면 또 언제 그래볼까.

책장사이의 고랑 속에 푹 빠져있는 녀석의 뒷모습은 어느새 소년인데 엄마의 잡은 손이 잠깐씩만 떨어져도 멈춰 돌아보는 아직도 아가인 녀석.

3

이제 도서관의 책은 나와 재희가 반반씩 고른다.

요즘은 태오까지 함께 도서관에 가기 시작해서 태오에게 우리의 지분을 조금씩 나누어 주었더니 정말 좋아했다. 재희가 고른 것은 내 마음에 썩 들지 않는다고 하더라도 그 자리에서 거절하지 않고 자유롭게 읽어보도록 둔다. 엄마는 절대 이해하지 못할 초등학생만의 감성이 담긴 것이 있을 테니까. 내가 조금 넘치게 고른 날은 재희에게 잠깐 훑어보고 숫자를 줄여달라고 부탁한다. 그러면 고맙고 신기하게도 엄마가 고른 것을 택하고 제가 고른 것 중에 유난히 내 마음에 걸렸던 것을 내려놓는다. 아마 제 마음에도 걸리는 부분이 있었을 테지. 재희가 빌려온 책들은 나도 놓치지 않고 꼭 다 읽어보려고 노력하는데 그렇게 하면 엄마가 자기를 존중해준다는 마음이 드는 모양이다. 재미있다는 한마디나 조금 더 자세한 감상을 하는 날은 더 신이 나있다.

태오는 대개 공룡이나 태초의 지구, 곤충 이야기가 들어있는 책을 원해서 아예 그 칸을 일러주었더니 도서관에 가면 내내 그 서가를 서성인다. 한 권 한 권 꺼내서 그림을 보다가 정 궁금한 것은 골라들고 있다가 읽어주기 교실에 들어가 읽어달라고 한다. 처음에는 마냥 들고 쫓아다니며 졸랐는데 엄마와 형아도 책을 고를 시간이 필요하다는 것을 이해하기 시작해서 엄마와 형아가 이리저리 바쁜 것 같으면 제가 고른 것을 들고 동그란 소파에 올라 앉아 제 나름대로 읽으며 시간을 보내준다.

기다려준 태오가 기특하고 고마워서 당연히 교실에 들어가 한 권을 잘 읽어주고 나머지 것은 집에서 읽어주기로 약속하고 돌아온다. 물론 도서관 매점에서 아이스크림을 사먹는 재미도 알아버렸다.

책은 한 번에 한 사람이 일곱 권을 빌릴 수 있고 매주 열심히 읽고 반납도 성실히 하면 14권으로 늘려주신다. 태오카드를 쓰지 않더라도 우리는 총 28권을 빌려 읽어 볼 수 있는 것인데 처음에는 이 기회가 너무 좋아서 어깨가 끊어지도록 이고 지고 돌아왔었다. 많이 빌려보면 좋을 것 같았는데 생각보다 그렇지는 않았다.

마음만 먹는다면 하루에 다 읽어버릴 수 있는 양이지만 한 권 한 권 아껴가며 읽고, 한번만 읽기 아쉬운 것은 두 번도 세 번도 읽게 되니 28권은 어쩐지 좀 버거운 느낌이 들었다. 열심히 이고 지고 왔는데 빌려와 안 읽고 가져다주게 되는 책이 생기는 것을 보니 마음이 좋지 않아서 꼭 숫자를 채우지 않더라도 보고 싶은 것들만 데려오기로 마음먹었다.

　재희와 태오에게 책을 읽히는 것에 대해 특별하게 정해놓은 규칙은 없지만 전래동화를 한 두 권씩 포함시키는 것만은 지켜오고 있다. 전래동화의 고마움과 중요성을 가르쳐주신 것은 후추선생님이시다. 후추 선생님은 작은 도서대여점을 운영하시는데 올려주시는 글 속에서 아이들을 사랑하는 마음과 책을 아끼는 마음이 잘 느껴져 좋아하게 되었다. 곧바로 드러난 행동만 보고 말로 가르치기보다는 유심히 아이를 관찰해보고 마음을 읽어주려 노력하시는 분이다. 선생님의 가르침 중, 공포와 미스터리 추리물에 빠지기 쉬운 초등남학생에게 전래동화 속 호랑이와 도깨비의 건강한 무서움을 전해준다는 것은 꼭 필요한 배움이었다는 것을 몸소 체험했다. 요즘에도 추천해주시는 책을 잘 메모했다가 도서관에 들고 간다. 좋은 선생님들의 말씀을 잘 들으려고 노력하는 것은 아이들을 오래 지켜봐오신 분들께 있는 지혜를 배우고 싶어서이다.

　계절과 사람 풍경이 아름다운 그림으로 담겨 있는 것. 사랑과 감사 소중히 여길 줄 아는 마음이 들어 있는 것. 아직 아이들이 이름을 배우기도 전에 이미 사라져가고 있는 것. 입맛을 돌게 만드는 것. 당장 지금 무언가 하고 싶게 만드는 것. 배꼽 잡을 만큼 진짜진짜 웃긴 것. 지금 내가 겪어가고 있는 사소한 슬픔과 괴로운 일, 안타깝고 어이없거나 당황스러운 여러 감정들. 그리고 그 감정들이 결코 잘못된 것이 아니라고 말해주는 것.

그런 이야기들이 담겨있는 그림책. 내가 읽고 싶고 아이들에게 읽히고 싶은 것은 이런 것들이다.

오늘은 재희와 도서관에 가기로 약속한 날이다. 그래서 설레네.

도서관에 가는 수요일

77
봄

벚나무가 다 익어 바람 불때마다 꽃눈을 날리고 해에 내놓은 등이 따가와 별로 두껍지도 않은 봄 외투를 벗게 만들었다. 여름 같은 날이었다. 토요일에는 벚가지를 따라 동네를 산책하고 공놀이를 조금 했다. 오늘은 아이들 가벼운 옷을 사러 나섰다가 큰 녀석이 좋아하는 가게에서 점심을 먹고 돌아왔다. 토요일도 일요일도 볕도 좋고 바람도 산산한 글쎄 속도 없이 참 좋은 날이었다.

두서없이 조금 더 적는다.
오전에는 아이들 운동화를 깨끗하게 빨아 널고 맞창을 열어 기분 좋게 땀을 내가며 청소를 했다. 조금 남아있던 장조림을 자글자글 새로 끓여 다져서 주먹밥을 만들고 주름지며 늙어가기 시작한 토마토는 절임을 만들어 먹었다. 자투리 과일들도 식사할 때 잊어버리지 않고 얼른 깎아 한쪽씩 먹으니 냉장고도 기분 좋게 비워졌다. 큰 녀석 수학익힘책 채점도 다 했고 깨끗하게 빨아 바삭하게 마른 실내화는 지퍼백에 담아 여물어 아이들 가방마다 잘 넣어두었다. 읽고 싶던 책 두 권을 주문하느라 노트북을 열어놓고 남편과 아이들이 개그콘서트 앞에 앉아서 히힝 설웃는 것을 들으며 몇 글자 도닥인다. 아 그리고 오늘 아침부터 드디어 한 달 조금 넘게 먹던 약을 끊었다. 개인적으로는 너무 아프고 고단했던 4월이었다.

그리고 이것은 며칠 전 얘기.
큰 녀석은 마음에 꼭 드는 여자아이가 있다고 한다. 며칠 전에 반 남자아이들 엄마모임에서 자연스레 그 여자아이 이야기가 나왔다. 야물기도 야물고 키도 늘씬하고 내가 봐도 참 곱더라니 만인의 첫사랑이 된 모양이었다.

집에 돌아와 저녁을 먹으며 얘기를 전하니 남편이 하는 말이 정말 우습다. 그럴 때 일수록 그 여자아이에게 무관심해야 모두를 물리치고 사랑을 쟁취할 수 있는 거란다. 뭐 그런걸 가르쳐 하고 남편을 쓱 보니 남편의 표정이 큰녀석 만큼 비장해서 웃음을 참고 못되게 구는 것과 그냥 무관심하게 구는 것의 차이를 부연설명 해주고 말았다. 그런데 큰 녀석의 말이 더 대단하다. 난 이미 그 여자애 쳐다보지도 않아. 남편이 으쓱한 표정이 되어 그래 아주 잘하고 있네. 하자마자 너무 예뻐서 쳐다보면 심장이 튀어나올까봐 차마 볼 수가 없어. 한다.

아아 이 녀석에게는 봄이 너무나 봄이다.

4월을 지내며 평안과 행복을 자만하지 말자고 매일 아침 새로 눈뜰 때마다 생각한다. 그리고 그 간절함에 대해서도.

무척 가슴 아픈 날이었다. 4월의 죄책감을 어깨에 짊어 진 어른으로 평생을 살아가겠다고 다시 다짐한다. 우리 귀한 아이들의 평안과 행복을 위해 더 열심히 노력하며 살아야 한다고 간절히 한번 더.

4월
이야기

때오때오하게 :
유니크한 귀여움을 나타내는 태오 형용사

때오가 한쪽 눈을 찡끗하며 내게로 와서 엄마 때오 이상해요? 한다.
응. 눈을 왜 찡끗하고 있어? 했더니.
때오가 눈 냠냠 머거떠요 배가 고파떠요. 한다.

재희가 그랬어봐 장난이라도 어디 그런 말을 하느냐고 꾸지람을 했을 텐데 때오가 때오때오하게 말하는 통에 깔깔 웃어버리고 말았네.

발꼬꼬 :
발꼭꼭 주물러 주세요. 의 줄임말, 태오 명사

때오는 아가 때부터 발을 꼭꼭 주물러주면 금세 잠이 들었다. 습관이 무서워 요즘도 잠이 오려고 하면 발꼬꼬를 꼭 해달라고 한다. 요즘은 엄마 아빠 말고 형아에게도 발을 슬쩍 내밀고는 눕는다. 그럼 그걸 또 무심히 받아 꼬꼬 해주는 예쁜 큰 녀석.

하휴
우리 둘째

81 ⋮ 봄

82 ⋮ 소박하고 근사하게

혼자 해보고 싶은 것이 너무 많은 나이. 궁금한 것은 더 많은 나이. 삐지기는 취미이자 특기가 되는 나이. 자기가 생각한대로 잘 되지 않으면 갑자기 앙하고 크게 울음이 나는 딱 그 나이. 그동안 말 참 잘 들었지. 이제 좀 안 들을 때도 됐다. 그렇게 울면서도 예쁜 존댓말로 엄마에게 제 마음을 말해줄 줄 아는 멋진 다섯 살로 우리 태오는 자라고 있다.

왜요 다섯 번이면 본질을 파악하게 된다고 하더니 그 말이 딱 맞다. 녀석과 대화를 하다보면 아 그러게, 어쩐지 나도 왜 그런 것인지 정말 궁금해지고 만다. 처음에는 쫓아다니면서 "왜요?"만 남발하는 요 녀석이 장난으로 그러는 가 싶어 *사탕가게의 위그든씨처럼 눈을 가만히 바라보았었다. 같은 말을 반복하면서 쫓아다니는 것이 귀찮아 녀석의 진심을 놓칠뻔 했다. 동그랗고 반짝거리는 녀석의 눈에는 세상의 온갖 호기심이 들어있었다. 정말로 궁금해서 묻는 것이기에 내가 아는 선에서 최대한 쉬운 말로 자세하게 설명해주려고 노력했다. 그러다보면 신기하게도 끝이 없을 것처럼 이어지던 왜요가 끝이 나고 아아 그렇구나. 하는 말이 나온다. 그 순간 나는 그게 그렇게 뿌듯할 수가 없다.

* 어린 꼬마손님이었던 나는 가게에서 엄마가 무언가를 주고 고른 물건을 받는 모습을 봐두었다가 사탕을 고르고는 값으로 버찌씨앗을 내민다. 사탕가게 주인인 위그든씨는 아이의 눈을 한참 바라보다가 씨앗이 혹 모자를까 걱정하는 내게 사탕과 함께 거스름돈을 준다. 이제 어른이 된 나는 그 기억을 오래 잊지 못하며, 나 또한 위그든씨처럼 좋은 어른이 되기를 꿈꾼다.

왜요병

학교에 가야 하는 일이 있어 며칠 전부터 걱정이 많았는데 오늘 드디어 잘 끝났다. 학생도 아니고 이제 선생님도 아닌데 학교에 다니러 가는 날은 늘 긴장이 된다. 어젯밤에는 괜히 긴 거울을 꺼내놓고 옷을 몇 가지 입어보고는 큰아이가 예쁘다고 한 것을 골랐다. 굽 없는 단화나 컨버스 대신에 모처럼 굽이 조금 있는 구두를 신기로 했다.

생각해보면 꼭 십 년이 된 것이다. 첫 직장을 퇴사하던 날 백화점 일 층에서 꽤 값을 지불하고 구두를 하나 샀다. 그래야겠다고 결심을 하고 나선 것도 아닌데 말쑥한 디자인의 구두를 보는 순간 오늘은 하나쯤 사도 되지 않을까 하는 생각이 들었다. 치수가 비어서 우선 주문을 해두고 며칠 후에 집으로 배달이 되었는데 퇴사까지 하고 비싼 구두를 샀다고 엄마께 혼이 나고는 서러워 울었던 기억이 있다. 어쨌든 이 구두는 면접과 상견례, 결혼식처럼 중요한 날마다 함께였다. 코가 뭉뚝하지도 너무 날렵하게 빠지지도 않은 갸름한 모양인데 의외로 이런 코 모양의 구두를 구하기가 쉽지 않을뿐더러 지금 꺼내 보아도 촌스러움이 없는 기본 중의 기본이다. 특별히 신을 일이 없어진 후에도 신발장에 한자리 차지하고 앉은 녀석을 보면서 그때 사두기를 잘했다고 내내 생각해왔다. 아이들 품고 낳는 동안 발 치수가 늘어나고 줄어들고 하다가 이제야 제자리로 돌아왔으니 오늘은 좀 꺼내 신어볼까 싶었다. 또땃또땃 모처럼 구두를 신고 걸으며 구두와 함께했던 여러 가지 일들을 생각했다.

학교 일을 마치고 태오 하원을 시키러 어린이집에 갔다. 이름을 부르면 내 얼굴을 보며 달려 나오던 태오가 오늘은 구두에 눈이 동그래져 엄마 도대체 어떻게 왔어요? 하고 묻는다. 걸어왔지 어떻게 오기는. 했더니 엄마 이거 신고 펭귄처럼 뒤뚱뒤뚱 걸어왔어요? 하는 거다. 선생님과 같이 눈물이 나게 웃어버렸네.

엄마를
펭귄으로
만들어주는
구두

… 소박하고 근사하게

스케치북을 뜯어 이어붙이고 재희가 메세지를 적고 태오가 그림을 그려 플래카드를 만들었다. 양쪽 모서리에 풍선을 매달고 넓은 창에 자리를 잡아 붙여놓으니 아이들은 스스로 색종이 꽃을 접어다가 붙이고 블록으로 예쁜 것들을 만들어 죽 늘어놓았다.

널찍한 담요로 창을 가려놓고 끄트머리에 길에 늘어트린 리본을 하나 매달았다. 리본을 잡아당기면 담요 커튼이 후룩 걷히며 우리들의 플래카드가 짜잔 하고 나타나도록.

나는 종이띠 고리를 꽈배기처럼 엮어 현관 폭에 걸고는 컷팅식을 하겠다고 하얀 면장갑과 가위를 작은 쟁반에 담아 두었다. 아 생각만 해도 얼마나 웃긴지. 초코파이에 초 하나 꽂고 젤리 한 봉지로 장식한 세상 가장 소박한 케이크를 만들어 놓고 설레며 남편이 집에 돌아오기만을 기다렸다.

남편이 번호키를 누르고 들어서자마자 1분 54초에 멈추어 두었던 엘가의 〈위풍당당 행진곡〉을 틀었다. 이 상황이 얼마나 웃긴지 남편과 나는 눈물을 막 찍어가며 식순에 따라 면장갑을 끼고 종이 고리를 가위로 자르며 집 안으로 들어와 아이들의 열렬한 박수를 받았다.

리본을 당겨 담요가 주루룩 하고 벗겨지자 드러난 세상 하나뿐인 플래카드를 읽고는 초코파이 케이크에 초를 밝혀 낄낄 웃다가 울며 깊은 축하를 나누었다.

남편의 승진 날 우리들의 잊지 못할 기록.

남편의 승진날

방에서 머리를 맞대고 보드게임을 하던 두 아이가 갑자기 큰소리를 낸다. 태오가 걸리지도 않은 감옥 칸에 자꾸만 자기 말을 넣어놓는 장난을 했던 모양이다. 감옥에서 탈출을 하려면 주사위 두 개가 같은 수가 나와야 하는데 아마 그걸 던지는 것이 재미있어 그랬을 거라 짐작한다. 재희가 몇 번 인가는 좋은 말로 얘기해주더니 더 이상 게임이 안 되자 화를 냈다.

너 감옥에 갇히면 얼마나 외로운 줄 알아? 이건 게임이라 다행이지만 어른이 되어서 진짜 나쁜 짓을 하면 감옥에 갈 수도 있는 거야. 감옥에 있다고 생각해봐 얼마나 힘들고 외롭겠어? 너 감옥에 가고 싶어? 한다.

설거지 물소리를 줄여놓고 재희 말을 엿듣다가 품 하고 웃어버렸다. 형아가 큰소리를 내면 영문 없어도 같이 성을 내버리는 태오가 신기하게도 조용했다. 궁금해서 못 참고 방을 살짝 들여다보았더니 태오가 두 손을 공손히 모아 쥐고 고개를 푹 숙이고는 형아 말을 듣고 있다.

정말 여덟 살이라서 귀엽고 다섯 살이라서 더 귀엽다.

감옥

태오의 표정이 모든 것을 말해준다. 형아가 책을 읽어줄 때 태오가 가장 많이 웃는다. 웃음소리도 특별히 다르다.

돌돌 말려 벗겨진 팬티 올려도 올려도 잘 안 되는지 태오가 큰소리로 엉아아 팬티 입어줘요. 한다. 그러면 또 가서 키 맞춰 앉아 입혀주는 착한 우리 집 엉아.

손가락을 심하게 벴다. 엄마 손가락이 아프니 재희가 오늘은 자기가 태오를 씻겨 보겠다고 한다. 할 수 있겠냐 하니 엄마가 씻겨주는 거 많이 봐서 괜찮다고 살살살 해보겠다고 한다. 나는 막상 걱정인데 태오가 형아 고맙심다. 하더니 냉큼 훌렁 벗고 들어가서 몸을 맡긴다. 형아가 눈 꼭 감으라고 하면 감고 칫솔 들고 아 하라면 아 하고 겨드랑이를 문지르는지 끼르륵 간지러어 둘이 막 웃었다.

우리 형아 1

소박하고 근사하게

봄

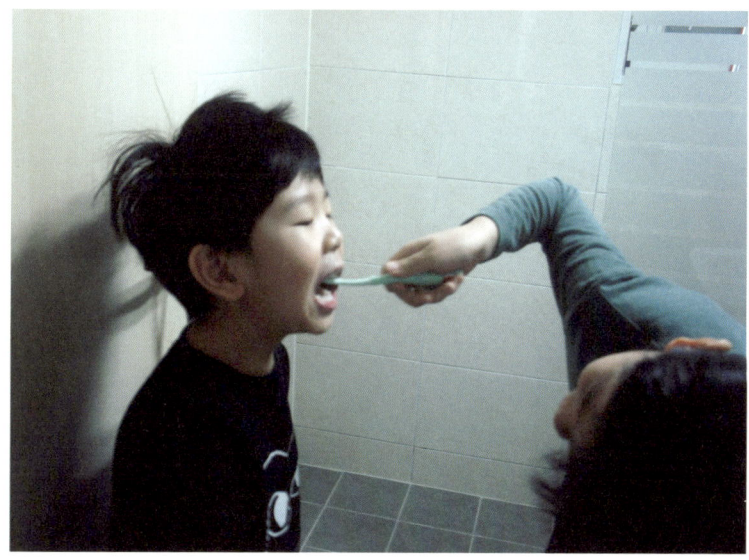

째깍째깍 낱낱 숫자로는 못 쓰는 어렴풋함이면서 똑딱똑딱 매일 매일 이 다르게 읽히는 예민한 어떤 시계.

봄이 여름으로 걸어 들어가는구나. 아침 해가 낮은 아파트의 모서리에 걸려있구나. 비가 오고 가는 것. 바람이 많이 또 적게 부는 것과 누워 있는 아픈 어른이 늙고 작은 아이들이 땀을 흘리며 자라는 것. 해가 한 뼘씩 한 뼘씩 더 길게 집안에 드리우는 것. 식물의 색이 바뀌고 해를 따라 가지를 더 크게 뻗는 것. 배가 슬슬 고파오는 것. 더운 차 한 잔이 먹기 좋게 식거나 설거지해놓은 그릇의 물기가 잘 마르는 정도의 시간 같은 것. 작은 트럭에 몇 가지 청과와 두부를 싣고 온 아저씨가 짤랑짤랑 종을 흔들면 알 수 있는 것. 첫 창을 열었을 때 뺨에 닿는 바람으로 읽는 계절의 지나침 같은 것.

그 아름다운 시간들을 잊지 않고 읽으며 살고 싶다.

계절의
지나침

93
⋮
봄

공원을 걷다가 이 나무는 아주 오래 산 나무인가봐…하고 남편이 멈춰 서서 말했다. 길이를 따라 오르다보면 절로 고개가 젖혀지는 아주 키가 크고 가지가 무성한 나무였다. 바람이 불자 무성한 가지들이 흔들리며 두껍고 빳빳한 책의 낱낱장이 투루루루 쏟아져 닫히는 소리를 냈다.

낡고 두꺼운 책들이 빽빽하게 정렬된 도서관. 이곳의 고요와 달리 창 밖의 나무들이 바람에 머리를 휘엉거리고 있다. 필기를 하는 소리도 거의 없는 고요 속에서 깜빡 긴장을 놓고 넘겨버린 책장(冊張)이 함부로 나풀거릴 때 나는 소리. 갑자기 사람들의 손에 들린 책장들이 쉼 없이 투루루룩 쏟아져 닫힌다. 빽빽 정렬된 책들이 혼자 힘으로 꺼내져 새처럼 낱장날개를 나풀거리며 난다. 소리 없는 도서관에 앉아 창 밖 먼 곳의 휘엉거리는 나무들을 보며 그런 공상을 하곤 했다.

남편과 공원에서 아주 오래 된 나무가 내는 소리를 듣던 날. 도서관에 앉아 혼자 하던 공상을 떠올렸다. 정말로 오래된 나무는 그런 소리를 내고 있었다.

멀리 산책을 갔다가 돌아오는 길 태오가 차 뒷자리에 내게 반쯤 기대어 누웠다. 차창으로 나무 몇 그루가 지나쳐 갔는데 태오가 갑자기 손을 흔들며 안녕. 하고 인사했다. 나무는 눈도 없고 코도 없고 입도 없지만 태오에게 인사를 한다고 했다. 나무가 먼저 인사를 해서 태오도 같이 인사를 해주는 것이라고.

손을 흔들며
안녕

아이들과 〈구름빵〉을 보는데 할아버지와 탭댄스를 추는 이야기가 나왔다. 나도 할아버지가 보고 싶다. 그렇게 혼자 중얼거렸더니 재희가 엄마의 할아버지? 했다. 응. 재희가 다음 말을 얼른 못 붙이고 고민하는 것이 느껴졌는데 우리 재희는 이렇게 속이 깊은 아이다. 긴 휴지 끝에 그럼 사진이라도 한번 보면 어때? 하기에 엄마 마음을 어루어 주려는 녀석이 기특해 머리를 쓸어주었다.

태오 낮잠을 재우다가 그 곁에서 나도 설핏 잠이 들었는데 꿈에서 할아버지를 만났다. 야임마! 하고 평소처럼 나를 크게 부르셨다. 하늘색 반팔셔츠에 회색 정장 바지를 입고 은백머리를 잘 쓸어 올려 빗은 늘 봐오던 간단한 외출 차림 그대로였다. 워낙 마른 분이지만 볼에 살이 있고 허리를 곧게 펴서 계신, 오래 아파 누워계시던 마지막 모습이 아니라. 내 오랜 기억 속의 모습으로 야임마! 하고 씩씩한 소리로 크게 불러놓고는 웃고 계셨다.

깜짝 놀라서 아무 말도 못 하다가 천천히 잠이 깼다. 이렇게 보여주시구. 고마워요 할아버지.

고마워요

온전히 남편과 나만을 위한 부부의 방이 팔 년 만에 생겼다.
　작은 요 위에 젖먹이 갓난이들이 차례로 눕고, 앙 하고 우는 소리로 아침을 시작하던 날들이 지나갔다. 어느 해에는 훌쩍 자란 두 아이를 위해 큰 침대 두 개를 이어 붙여 가족 침실을 만들었다. 엄마 아빠 사이에 재희 태오 네 식구가 나란히 누워 잠들 때까지 옛날이야기 스무고개를 나누던 날들이었다. 재희가 일학년 형아 태오도 다섯 살이 되었으니 이제 따로 잠을 잘 때가 되었구나 싶었다. 재희에게 제대로 된 공부방을 꾸려주면서 아이들 놀이방으로 쓰던 작은 방에 부부 침실을 만들기로 했다.
　깨끗하게 비운 작은 방에 남편과 둘이 페인트로 곱게 색을 입혔다. 갑자기 다시 여름이 된 것처럼 덥던 날이었다. 땀을 죽죽 흘리는 고된 칠이 뭐가 그렇게 재미난 지 꼭 신혼집 신혼 방을 꾸미는 것 같이 좋았다. 먼지를 쓸고 닦고 책장에 좋아하는 내 작은 살림을 옮겨다 놓고 침대 커버 베갯잇을 깨끗이 세탁해 새로 덮었다. 주홍빛이 반짝이는 유리 등 하나를 내어 달았더니 근사한 침실이 완성되었다.

　이제 늦도록 긴 이야기를 나눌 수 있겠다. 노트북 영화를 틀어놓고 밤 간식을 나누어 먹을 수도 있겠네. 남편이 이른 퇴근길에 우리 다시 첫날밤이라며 분홍 리본을 맨 고운 꽃을 사 왔다.

부부의 방

소박하고 근사하게

재희가 방문 앞에 서서 엄마 방에 들어가도 돼요? 하고 묻는다. 그러엄. 녀석이 미술관 들어갈 때처럼 조용히 들어와 전과 별다를 것도 없는 엄마 살림들을 가만 둘러보고는 만져도 괜찮은데 눈치를 보며 아주 살짝만 건드려본다.

방의 구분을 짓고 따로 잠을 자기 시작한 지 이제 겨우 열날. 녀석의 마음과 생각이 새로 물주고 좋은 햇살에 내어놓은 싹처럼 금세 쑥 자란 느낌이다. 엄마의 공간을 존중해주고 이해해주어서 고마운 마음 한편에 손 놓고 한발짝 더 걸어간 것 같아 서운한 마음도 들었다.

언제나 고마운 재희. 나도 녀석들의 방에 들어가기 전에 똑똑. 해주어야지.

똑똑

나는 종종 책의 서문을 읽다가 운다. 서문에는 앞으로 열릴 페이지 안에 내가 무엇을 담고자 하는지와 왜 그것을 담으려고 하는지에 대한 고백이 매우 정직하게 적혀있다. 책을 만드는 일에 참여해 본 후로는 책의 서문을 전보다 더 꼼꼼하게 읽게 되었다. 책 안에 담으려고 하는 것의 진심이 벅차게 전해지고, 때때로 그 과정의 고단함과 뿌듯함이 함께 읽혀 그만 눈물이 나고 만다.

책을 만드는 동안 곁에서 힘이 되어준 사람들의 이름을 읽으며 또 운다. 어떠어떠한 도움을 준 누구 하는 식의 간결한 수식이지만 그 안의 깊은 애정을 보았기 때문이다.

오늘은 김은하 교수님의 책날개의 서문 (무려 10년에 부쳐 라는 제목의) 을 보다가 울었다.

* 김은하, 『우리 아이, 책날개를 달아주자』, 살림출판사, 2011

서문을
읽는다

누구 엄마가 그러는데 재희 엄마 가까이에서 보니까 이쁘대. 하고 친하게 지내는 언니가 메세지를 보내줬다. 아침에 동네 엄마들이랑 잠깐 인사를 나누고 들어왔는데 그때 그랬단다. 크크크 민낯이었는데 크크크 이게 뭐라고 크크크 하루 종일 기분이 좋네.

남편한테 나 가까이에서 보면 이뻐. 라고 자랑했다.

**가까이에서
보면**

혹시 혼자 간식을 먹어야 할 일이 있을지도 몰라 재희에게 렌지에 냉동 핫도그 돌리는 것을 가르쳤다. 냉동실에서 핫도그를 꺼내 봉지를 옆으로 조금만 찢어 렌지에 넣을 것. 30초짜리 버튼을 세 번 눌러 기다렸다가 끝나는 소리가 나면, 뜨거우니 봉지 끝을 잘 잡고 꺼낼 것. 다 먹고 난 봉지는 비닐 함에 버리라는 것까지.

서랍에서 예쁜 접시를 꺼내 담고 마실 것을 챙겨 식탁에 자리 잡고 앉아 먹는 것은 가르친 적이 없지만 제가 알아서 한다. 기특한 마음에 웃으니 당연한 것을 한다는 듯이 왜 웃느냐 묻는다.

핫도그

작은 아이가 식탁에서부터 꼬닥꼬닥 졸아서 안아 뉘었더니 이내 속눈썹레이스를 내려트리고 곤하게도 잔다. 설거지 끝내고 젖은 앞치마를 끌러 의자에 걸쳐놓고는 전등불을 다 긋고 앉았는데 차가운 커피를 마시고 싶다는 생각이 점점 또렷해지다 못해 간절해져서 더 늦기 전에 나섰다. 겨우 횡단보도까지밖에 안 왔는데 손등을 톡 때린 것 어 이거 비다. 동그란 안경알에 후추 틴이 톡톡 털고 간 것처럼 싸릿비가 앉았다.

바람이 불때마다 플리츠바지 굵은 주름이 오르간건반처럼 도레도레 거렸다.

여름
summer

이제 월요병이 무엇인 줄도 알고 일요일 밤에 하는 개그콘서트가 제일 웃기며 더워도 무릎 아래로 내려오는 바지가 좋고 샌들은 발가락이 보여 창피하다. 앞머리는 반듯하게 자르기 싫고 립밤은 바르고 꼭 빠빠 해줘야 맛이며 핫도그는 세 개도 먹을 수 있을 만큼 좋고 토마토케찹으로 지그재그 무늬나 하트 무늬를 그려주면 좋아서 히죽거린다. 동생이 너무 귀여워서 자꾸 안아주지만 어제 도서관에서 빌린 책은 〈동생을 팝니다!〉 숙제가 끝나면 친구들이 부탁한 포켓몬을 그리느라 너무 바쁜 아이. 우리 여름 소년.

여름소년

핫초코를 진하게 타고 얼음과 찬물을 넣어 휘저어 낼 뿐인데 재희는 여름 내내 이렇게 맛있는 걸 도대체 어떻게 만드느냐 물어보았다. 녀석이 고개를 빼고 구경하는 게 재미있어서 무슨 비법이라도 있는 양 뒤돌아서서 등으로 자꾸 가리고 만들게 된다.

아이스초코의
비법

이 밤 여기 이렇게, 앓는 이들의 잦고 작은 소음 너머에 억지로 커튼만 둘러쳐 놓은 섬에 누워있다니 이게 무슨 일인가 싶다. 재희가 조금 전에 잠깐 나를 보러와서 작은 어깨를 들썩이며 소리도 내지 않고 울다가 갔다. 내가 웃으며 대꾸해주니 얼굴이 조금 풀어졌다가 태오가 우유가 먹고 싶다고 했는데 우유가 너무 무거워서 조금밖에 못 따라주었어. 그러면서 또 훌쩍였다. 억 소리가 나게 휘청거리는 중에도 재희에게 컵을 꺼내주며 태오가 혹시 찾으면 냉장고 우유를 꺼내서 먹이거라 해두고 병원으로 나섰다. 내내 좋지 않은 컨디션이었는데 짧게 여행을 다녀오고 난 일요일 오후 나는 갑자기 많이 아파져 병원에 입원을 하게 되었다.

남편은 웃으며 휴가라 생각하라 했지만 내일 당장 빨아놓은 실내화를 지퍼백에 잘 넣고 이름을 써서 보내야 하는 것, 재희 필통에 연필 잘 깎여 있나 하는 그런 생각뿐이다. 주사약이 들어가니 조금 덜 한 기분이 드는 새벽녘 집으로 돌아가 자는 아이들 이마를 쓸어주고 차버린 이불을 잘 덮어주고 오고 싶었다.

다음날 남편이 책을 몇 권 가져다주었지만 읽히는가 하면 그렇지 않다. 검사 결과를 기다리는 동안 그래도 뭐라도 해야겠기에 이렇게 똑같은 장을 펴놓고 뜻 없는 글자를 읽는다. 아직은 병명도 모르고 그래서 여러 가지 약을 꽂아보는데 안 아팠다가 좀 아팠다가 했다.

어제 잠깐 면회를 왔던 태오가 어인 일인지 내게 오지도 않고 시무룩이 남편에게만 꼭 안겨있더니 헤어지는 엘리베이터 문이 열렸다가 닫힐 때 꼭 쥔 두 주먹으로 눈을 막 닦았다. 재희는 나를 보고 다시 울컥했지만 씩씩하게 안 울고 손도 흔들어 주었는데 우리 태오는 이제야 무언가를 알아차렸구나 싶어서 마음이 많이 아팠다. 재희 담임선생님께 긴 메세지를 보냈다. 입원 중에 있고 아빠와 이모가 챙겨주고는 있지만 섬세하고 예민한 아이가 혹시 많이 힘들지 않을까 걱정이 된다고 잘 부탁드린다는 말을 적었다. 재희는 너무 잘하고 있으니 걱정 마시라는 답을 받았다. 글쎄 재희가 태오 어린이집에 가서 데려오는 것은 자기가 할 수 있으니 아빠는 걱정마시라 했단다. 나는 아직 꼬마인 것만 같은 우리 재희를 걱정했더니 재희는 아픈 엄마와, 엄마와 저희를 다 돌보아야 하는 아빠를 걱정하고 있었다. 우리 1학년은 이렇게 든든하게 자라고 있었네.

  고맙게도 여동생이 와서 아이들 하원 하교를 봐주고 간식도 챙겨주고 따뜻한 저녁을 새로 지어서 먹여주었다. 걱정했던 것보다 두 아이는 잘 먹고 잘 놀고 말도 잘 들었다고. 여러 검사를 끝내고 급성 췌장염 진단을 받았다. 금식도 풀려 물과 죽을 조금씩 먹을 수 있게 되었지만 염증 수치가 가라앉지 않아 퇴원 허락이 안 떨어졌다. 통증보다도 더 힘든 것은 불안감이었다. 그 누구도 평안과 행복을 화수분 곳간을 틀어쥔 것처럼 확신할 수 없다는 것을 깨닫는 일은 극심한 통증보다 더 고통스러웠다. 다시 집으로 돌아가 일상 안에서 아이들을 안고 남편과 이야기를 하고 따뜻한 밥을 짓고 글을 쓰며 살 수 있을까. 아프지 않고 지금까지 해온 것처럼 내 삶을 지켜갈 수 있을까. 하는 그런 불안. 평소에는 아퍼아퍼 하는 사람이 참 싫었는데. 그 어떤 누군가에게는 듣기 싫은 우는 소리처럼 들리더라도 이 순간순간의 감정들을 생각나는 대로 솔직하게 기록해두어야겠다고 마음먹었다. 그 불안까지 내 것으로 끌어안지 않으면 더 견딜 수 없을 것 같았다.

...

　침대에 눕다가 옆자리 할머니와 눈이 마주쳤는데 눈을 얼른 돌려버리셨다. 오래 아픈 노인이 짓는 괜한 죄책감과 미안함이 담긴 내가 이미 너무나도 잘 아는 바로 그 눈빛이었다. 돌아가신 할아버지의 눈과 닮아 마음이 아팠다.
　다시 눈이 마주쳤는데 내가 놓치지 않고 얼른 조금 과하다 싶게 웃어드렸다. 그걸 보고는 할머니 따님께서 같이 웃으시며 어디가 아파요. 하고 물었다. 배가 아파서 왔는데 집에 어린아이들이 있어서요. 그래서 이제 그만 집에 가야 할 것 같아요. 하고 나도 모르게 말해버렸다. 의사 선생님께 퇴원은 절대 안 된다는 말을 방금 듣고 올라왔는데 마음이 하고 싶은 말을 그냥 그렇게 해버렸다. 그렇구나. 아이들이 많이 어려요? 하고 묻는데 네 아주 꼬맹이들이라서요. 내가 그렇게 말하니 할머니는 조골조골한 거죽을 힘겹게 모아 오므린 작은 입으로 호오. 짧게 탄식하고는 마치 그 작은 꼬맹이들이 뛰노는 모습을 보기라도 하듯이 멀게 웃으셨다. 그리고는 내 눈을 보며 아주 천천히 이렇게 말해주셨다.
　젊은 사람. 아프지 말고 지내요.
　순간 나는 그 말을 견디지 못하고 얼른 일어나 사물함 반쪽 문을 열어 몸을 숨기고는 수건을 얼굴을 파묻었다. 침을 몇 번인가 새로 삼키고 다시 침대에 누우며 돌아보니 그 짧은 시간 할머니는 잠이 드신 모양이었다. 햇살이 할머니의 곤한 잠을 깨울까 봐 따님이 아주 가만가만히 커튼을 그려 닫았다.

...

　다시 들어가야 할지도 모르지만 그래도 우선은 집에 왔다. 앞 침대에 내 또래 폐렴환자가 들어왔는데 아이랑 영상통화를 하면서 그렇게도 섧게 울었다. 어디가 아파서 왔어요. 하는 최소한의 통성명도 아직 안 했는데 그냥 그 마음을 너무 알겠어서 같이 울었다. 울다가 안 되겠어서 링거줄을 끌고 더 갈 곳도 없는 병동 여기저기 한 시간을 걸어 다니다가 그래도 눈물이 안 그쳐서 그냥 선생님께 집에 보내 달라고 했다.
　침대에 누워 아이들 밥 먹는 것만 보아도 기분이 한결 났다. 이모가 해준 볶음밥이 엄마가 해준 것과 비슷하다는 재희. 볶음밥 좋아하시는 할아버지 덕에 이모랑 엄마랑 하루가 멀다 하고 해 먹던 것이 이것이니 같을 수밖에. 그런 이야기를 들으며 누워있으니 좋다. 동생은 언니 보라며 꽃을 사 들고 왔다. 반찬집에 일부러 들러 나물 찬도 몇 가지 사와 냉장고를 채워놓았다. 재희가 나에게는 쑥스러워서 잘 안 하는 공상 이야기도 이모에게는 다 한다. 간식을 먹이며 놀아주는 이모는 정말 최고다. 태오는 온 동네 사람들에게 때오 이모야. 하고 다닌다고 한다. 선생님께 때오는요. 때오 이모가 좋아요. 했다는데 그래서 선생님도 받아주시느라 선생님도 이모가 좋아요. 했더니 정색을 하며 때오 이모인데 왜요? 하더란다.

　누워있다 보니 절로 많은 것들을 생각하게 된다. 쥐고 있는 욕심이나 오래 묵은 분노 같은 것, 나쁜 것 고민들 걱정하는 마음들을 다 내려놓으면 그럼 좀 덜 아파질까 하는 생각도.

아이들이 냄비 앞에 섰는 엄마 등 뒤에 와서 자꾸만 흘끔거리고 간다. 밥 먹자 하는 말이 떨어지기가 무섭게 식탁에 뛰어와 앉았다. 겨우 며칠이지만 엄마 밥이 그리웠을 것 같아서 무리인 줄 알면서도 저녁을 지었다. 우리 재희가 제일 좋아하는 순두부찌개와 우리 태오가 제일 좋아하는 찜닭을 달였다. 앞치마를 두르고 아이들에게 더운 저녁을 지어줄 수 있음에 깊이 감사했다.

일상 안의 사소한 것들을 놓치지 않고 살아가고 있다고 생각했는데 가장 사소해서 가장 귀한 것이 무엇이었는지를 다시 한번 절절히 깨친 것 같다.

젊은 사람
아프지 말고 지내요

116

소박하고 근사하게

밥집에 가면 가만히 있어도 밥을 한 공기 더 주시고 꽃집에 가면 꽃 한 송이를 더 넣어주셨다. 밤 가게 앞을 지나면 밤 한 줌 쥐여주시고 길 가는 할머니들은 멈춰서 덕담을 해주셨다. 고놈 참 이쁘다고 고놈 참 착하다고.

요즘 학교 같은 반 친구 엄마들에게 재희 칭찬을 참 많이 듣는다. 친구들이 집에 가서 재희 얘기를 많이 한다고 한다. 재희는 친절하게 설명을 잘해준다고도 하고 다정하다고도 하고 재미있다고도 하고 선비 같다고도 한단다. 엄마들에게 칭찬 말을 듣다 보면 재희의 고운 말과 표정이 떠올라 가슴이 핑크색 풍선처럼 부푼다.

전에는 잘 몰랐는데 생각해보면 이 아이 덕분에 어디를 가든 나는 복을 받는 것 같다. 나에게 온 선물 같은 아이.

선물

엄마. 왜 다시 뚜껑을 닫아놓아요? 아빠가 올 때까지 식으면 안 되니까.

아. 아빠 오실 때까지 식으면 안 돼요. 하고 내가 한 말이 아이의 말로 바뀌어 돌아온다.

말이 아니라 고운 마음이 되어 돌아온다.

고운
마음

문득. 엄마 마음의 키 알아요? 따뜻한 마음이 여기에 자꾸 자라는 거예요. 하며 제 가슴에 가만히 손을 대보던 우리 태오.

태오의 말문이 늦게 트이는 것이 내내 고민이던 아픈 날들이 있었다. 처음에는 재희가 그랬던 것처럼 어느 날 갑자기 단어들을 막 쏟아낼 줄 알았다. 당연히 조금씩 좋아질 거라 믿었는데 시간은 너무 빨리 흐르고 녀석의 말의 키는 어느 점에서 멈추어 버렸다.

밖을 걸어 다니다 보면 몇 살이냐 하고 인사를 건네는 사람들을 만난다. 아이가 아직 말을 못 해요. 하면 말문이 늦게 트이는 아이들이 있어요. 라는 나름대로 위로의 말이 돌아왔다. 그마저도 시간이 더 지나니 아이가 몇 살인데요? 라며, 이상하다는 눈빛으로 나와 아이를 번갈아 보는 일이 생겼다. 그런 사람을 만나고 돌아오면 내가 너무 안일하게 생각하고 있는 것이 아닌가. 하는 생각이 들었다.

엄마 아빠와 형의 말을 잘 알아듣고 예쁜 표정과 귀여운 손가락으로 답을 하던 날들도. 이상한 시선 앞에서 아직 아이가 말을 못해요. 라고 덤덤하게 말하던 날에도 내 안에서는 불안이 자꾸 자라고 있었는지도 모르겠다. 말문이 트이면 보내려던 어린이집에 서둘러 등록을 하게 된 것도 그런 이유에서였다. 또래 친구들과 함께 지내다 보면 좋아지지 않을까. 하는 생각에서였는데, 처음 인사를 간 날에도 선생님께서는 아이가 말이 너무 느리네요. 라고 하셨다.

그러던 어느 날 큰일이 있었다. 태오가 가지고 놀던 장난감을 모르고 만진 친구의 귀를 태오가 물어 버리려고 했던 일이 생긴 것. 다행히 선생님께서 지켜보고 계시던 중이라 바로 저지가 되어 일이 벌어지지는 않았지만 그 이야기를 전해 들은 내 충격은 정말로 컸다. 선생님께서는 태오가 말로 표현이 안 되어서 몸으로 먼저 감정을 표현하는 것 같다고 하셨고 그 말은 깊은 상처가 되었다. 지금까지 단 한 번도 제 뜻대로 되지 않았다고 해서 부정적인 감정을 그렇게 표현한 적은 없는 아이인데 제대로 돌보지 못했다는 생각에, 태오를 재운 밤 남편 앞에서 엉엉 소리 내어 울었다. 어린이집이라는 낯선 환경에서 제 마음 표현할 길 없이 모든 일에 서툰 아이들과 부딪히는 일은 태오에게도 스트레스로 다가왔을 것이다.

아. 아이를 한번 키워봤다고 자만했구나. 다 안다고 생각했구나. 잘 돌보았다고 생각했구나. 그날 이후로 나는 정말 매일 매일을 아프게 자책했다. 책을 찾아 읽고 끊임없이 검색했다. 어린이집 선생님의 권유로 아동 심리센터에서 상담을 받았다. 그런데 태오는 건강하고 따뜻하게 잘 자라고 있다는 답을 받았다. 그저 종종 말이 많이 더딘 경우가 있으니 더 많이 책을 읽어주고 말을 건네며 지켜봐 주라는 처방이 돌아왔다. 가슴을 쓸어내린 일이었지만 그 후로 태오가 표현하고 싶은 말이 있어도 하지 못해 많이 답답한 것이 아닐까 녀석의 마음을 더 많이 알아주고 싶어 애를 썼다.

시간이 더 흘러 태오는 네 살에 접어들었지만 여전히 말의 키는 자라지 않았다. 그즈음 나는 우리 태오와 손을 잡고 아파트 길을 종종 산책했다. 생각나는 노래를 불러주고 눈에 보이는 많은 것들을 말로 읽어 주었다. 녀석은 내가 나무의 이름을 얘기해 줄 때마다 뭐가 재미있는지 자

꾹 웃었다. 다시 듣고 싶은 것이 있으면 그 자리에 가만히 서서 내 눈을 올려다보았다. 태오와 손을 잡고 산책을 나섰던 어느 봄날 나는 처음으로 불안을 내려놓고 녀석의 말문이 아주 더디 트여도 괜찮다고 생각했다. 태오가 예쁜 말들을 마음으로 배우고 있다는 것이 가슴으로 느껴졌던 날이었다. 불안을 내려놓고 아이가 더디다는 것을 받아들이는 시간을 갖고 나니 오히려 답이 보였다.

그 후로 태오는 일주일에 두 번 언어 놀이 수업을 다니게 되었다. 배워 보니, 이유는 잘 알 수 없지만 태오는 조음기관을 잘 운용할 줄 모르는 아이였다. 아이스크림 막대기를 닮은 설압자(舌壓)를 이용해서 소리를 내려면 닿거나 떼어야 하는 혀의 부분을 직접 눌러 가르쳐 주고 소리를 흉내 내도록 하는 수업을 꾸준히 받았다. 당연한 줄 알았던, '말을 한다는 것'은 사실은 얼마나 위대하고 아름다운 일인가. 몇 번의 수업 만에 태오는 거짓말처럼 말문이 트였다. 남편은 언어 수업 덕분이 아니라 아이가 말을 할 때가 되어 그런 것이라며 너스레를 떨었지만, 나는 우리 태오가 얼마나 열심히 수업을 받았는지 어린아이에게 그 과정이 결코 쉽지 않았다는 것을 너무나 잘 알기에 고맙고 미안한 마음뿐이었다.

언어 수업에서 가장 첫 번째로 내주셨던 숙제는 허밍으로 반짝반짝 작은 별을 부르는 것이었다. 밤이 되면 모두 다 같이 침대에 나란히 누워 태오와 함께 허밍으로 작은 별을 불렀다. 음음음 으로 하다가 그것이 잘 되면 아아아로 했고 그것도 잘 되면 우우우로 넘어갔다.

반짝반짝 작은 별 아름답게 비추네. 하는 어여쁜 노랫말 그대로 태오가 노래를 다 부른 날을 나는 결코 잊지 못한다. 우리 모두 열렬히 손뼉을 치며 녀석을 축복하고 응원했다. 누구보다도 기뻐해 준 우리 재희에게도 특별히 고마웠다. 엄마와 아빠는 어른이라는 조금 더 여유 있는 품에서 아이를 들여다보았지만, 재희는 태오보다 아주 조금만 더 큰 꼬마였을 뿐이다. 그런 재희는 말이 느리고 어둔한 제 동생을 살뜰히도 돌보아 주었다. 잘 안 되는 발음을 고쳐주었고 귀찮을 텐데도 끊임없이 같이 작은 별을 불러주었고 책을 읽어주었다.

몇 번의 수업 만에 말문이 트인 것과 다르게 좋은 발음과 속도를 배우는 시간은 더디게 흘러갔다. 2년에 가까운 시간 동안 택시를 타고 먼 길 태오와 언어 수업을 받으러 다니는 일 역시 늘 행복하지만은 않았다고 고백한다. 죄책감이나 미안함과는 별개로 힘들어하는 아이를 달래 먼 길을 다녀오고, 지친 아이를 다시 달래 놀이가 한창인 어린이집에 느지막이 아이를 들여보내는 고단함이 뒤섞여 사실 울기도 참 많이 울었다. 친구들은 언어 놀이에 안 가고 어린이집에 와서 실컷 노는데 왜 태오만 자꾸 언어 놀이에 가느냐 물었던 날은 마음이 무너져 내렸다.

느지막이 어린이집 벨을 눌러도 언제나 웃는 낯으로 태오 잘 다녀왔니 하고 맞아주시던 우리 다섯 살 반 선생님께서는 늘 내 낯빛을 먼저 알아보시고 마음을 달래주셨다. 너무 잘하고 계셔요. 조금만 더 힘내시면 돼요 어머니. 하시면 울지 않으려 해도 금방 눈물이 주룩 흘러내렸다.

말이 더딘 아이로 지내는 동안 내가 만났던 이상한 시선들이 상처가 되어, 사람들이 우리 태오에 대해 편견을 갖게 될까 봐 겁이 났다. 그래서 사실 별것 아닌데도 누구에게도 태오가 언어 수업을 받고 있다는 이야기를 하지 않았다. 우리 네 식구를 빼면 유일하게 이 일을 알고 계신 분이 선생님이셨기에 힘든 날들, 선생님의 위로는 사실 내게 전부였다.

정말 너무 많이 힘든 날에는 어린이집을 빼먹고 박물관이나 미술관에서 가서 놀았다. 우리 둘이 돈까스를 사 먹고 가게에서 풍선을 사서 돌아오면 다시 견딜힘이 생겼다.

    이 이야기를 글로 쓰고 책에 담을 것인지에 대한 고민이 꽤 깊었다. 누군가에게는 진행형의 고민일 수 있고 또 누군가에게는 이마저도 부러운 얘기일 수도 있기 때문이다. 또 부러 괜한 시선 앞에 태오를 내어놓는 것 같아 주저되기도 했다. 많이 걱정하셨던 할머니 할아버지께서는 아직까지도 절로 좋아진 줄 아시기에 이 글을 보시면 좀 서운해하실지도 모르겠다.

    긴 시간 언어센터를 다니며 많은 친구를 보았다. 발달장애와 언어 지연을 함께 수업하는 곳이었지만 장애 치료나 특수학교 입학을 위해 오는 마음이 아픈 친구들이 많았고 그 친구들의 덤덤한 고충과 굳은살이 된 상처들에 대해 이야기를 들을 기회가 많았다. 그러나 내 마음과는 다르게 태오를 보며, 도대체 이 아이는 여기에 왜 와요? 하고 쌀쌀맞게 묻는 사람도 있었고 부럽다는 한마디를 해놓고 그 이후로는 인사도 안 받아주던 사람도 있었다. 나의 깊은 사정이 모든 사람에게 다 이해되지는 않는다는 것을 그곳에서 배웠다. 그 안에서도 이방인 같았던 나와 태오에게 쏟아지던 눈빛들이 버거워 수업이 힘들어서라기보다는 그곳에 가는 것 자체가 힘든 날도 많았다. 조심스러운 이야기지만, 나는 정 반대에 놓인 두 가지의 편견이 모두 두렵다.

그럼에도 불구하고 이 이야기를 쓰기로 마음먹은 이유는, 서툴고 엉망인 나의 이 고백이 닮은 고민을 갖고 있는 누군가에게 작은 위로와 응원이 되었으면 하는 바람에서다. 언어 놀이 수업이 끝나던 날, 언어 선생님께서 내게 글을 하나 써주실 수 있느냐 물었다. 태오의 이야기가 많은 친구에게 큰 응원과 희망이 될 거라는 말에 진심을 담아 긴 편지를 적어드렸다. 내 편지는 감사하게도 액자에 담겨 교실 한편에 걸려있다고 한다.

말이 더뎠을 뿐 마음의 키가 쑥쑥 자라 있던 태오는 말이 키를 키우자 그 누구보다도 자기의 마음을 잘 표현하고 생각을 말로 그려낼 줄 아는 아이로 자라났다. 소리를 만드는 일에도 공부가 필요할 만큼 어려웠던 태오지만, 그 덕분에 한 글자 한 글자 꼭꼭 눌러 예쁘게 말할 줄 아는 아이가 되었다. 이듬해부터 다니게 된 유치원 선생님께서는 태오에게 재미난 이야기 박사라는 별명을 지어주셨다. "태오의 이야기들은 정말 기발하고 재미있어요. 그래서 태오가 이야기를 시작하면 친구들이 정말 재미있게 들어요." 하셨을 때 정말이지 너무나 기뻤다.

어느 날 문득. "엄마 마음의 키 알아요? 따뜻한 마음이 여기에 자꾸 자라는 거예요." 하며 제 가슴에 가만히 손을 대보던 우리 고마운 태오.

마음의 키

형아가 책상에 앉아 그림을 그리면 태오는 책상 모서리를 붙잡고 까치발을 서서 구경한다. 그러다가 자기도 하고 싶어지면 종이를 가져다가 꼭 책상 모서리에 놓고 까치발을 섰다. 그 모습이 짠해서 태오는 식탁에 와서 엄마랑 같이 그림을 그릴까 물어도 시무룩하게 아니이. 형아 책상에서 형아처럼 하고 싶어 했다.

그래서 다섯 살 태오에게는 아직 조금 이르지만 형아와 꼭 같은 책상을 선물해주기로 했다.

형아 책상 옆 짝꿍 자리를 비우고 벽에는 선반도 달아주었다. 고양이가 그려진 귀여운 컵에 지난 생일 친구에게 선물 받은 알록달록 색연필을 담아 놓고는 마음이 얼마나 좋았던지.

재희에게만 살짝 귀띔해주고 태오에게는 아직 비밀인데, 예정 배송날짜보다 며칠 일찍 책상이 도착했다. 우리 태오 어린이집 다녀와 얼마나 팔짝팔짝 뛰며 좋아할까.

**태오의
책상**

나는 낮은 조도와 이불로 만든 동굴을 좋아한다. 커튼을 그리고 노랗고 작은 조명을 켜고 이불 동굴 속에 들어가 눈만 끔벅거리고 있는 그 시간을 정말 좋아한다. 저녁을 지으러 주방에 나서기 전의 해가 지는 아주 잠깐의 시간.

전에는 나이를 먹는다는 것은 삶의 대역변을 동반하는 일이라고 생각했었다. 어른이 되어가는 과정은 내버려 두어도 물 흐르듯 흘러가는 시간의 축적이 아니라 '어른스러워지기' 위해 깎고 뒤집고 버리는 역사적인 작업이라고. 그런데 요즘은 그것도 아니었구나 생각한다.

스물다섯 아이유는 팔레트와 일기 잠들었던 시간이 좋다고 노래하는데. 자꾸만 그 부분을 흥얼거리게 되는 서른여섯도 크게 다른 것은 없다. 여전히 같은 것들을 좋아하며 끌어안고 위로받으며 산다. 힘들고 불안하게 만드는 것들도 여전히 비슷한 까닭으로 내 안에 있다. '어른스러워'지는 것은 거창한 작업이 아니었다. 감당하기 어려웠지만 결국 버텨낸 순간들이 그 낱낱의 삶을 단단히 여며주고 있다는 것을 깨친다.

내가 좋아하는 것들을 하면서 고민도 많이 하면서 착하고 성실하게 살고 싶다는 소망을 품는다. 열여덟과 스물다섯, 서른과 이 글을 다시 손보고 있는 서른아홉의 나도 역시 마찬가지로.

어른스러워지기

우리 할머니는 가람슈퍼마켓을 자꾸만 보람아파트라고 하셨다. 그거 아니라고 가르쳐드리는 것도 지칠 때쯤부터 보람아빳트가서 사브레랑 사이다 한 병 사오니라 하셔도 네 대답하고 다녀오곤 했다.

남편에게 고속도로 휴게소에서 불스원샷 하나만 사다줘. 했더니 남편이 찰떡같이 알아듣고 레드불을 사다 주며 불스원샷(자동차 연료첨가제) 마시면 죽어. 이제 가르쳐주기도 지쳤다는 듯 허허 웃는다. 아 왜 안 외워질까.

불스원샷

130
: 소박하고 근사하게

오늘 태오 어린이집 원장님께서 아침맞이를 해주시고는 잠깐 이야기 나누고 가실 수 있으실까 하셨다. 순간적으로 이게 무슨 일인가 싶어서 긴장하고 원장실로 들어섰는데 원장님께서 쑥 내미시는 것은 바로 내 책이었다. 말씀드린 적이 없는데 어떻게 아셨어요. 했더니 아주 우연히 서점에서 읽게 되었는데 태오 이름이 나와서 정말 그 태오가 우리 원의 태오인 것을 알고는 깜짝 놀라셨단다.

어제 종일 손에서 못 놓고 읽으셨다며, 저자 사인을 이렇게 받아 죄송하다시면서 몇 권을 더 내미셨다. 선생님들께 한 권씩 선물로 드리실 거란다. 그러면서 자꾸만 왜 이야기 안 해주셨어요 하시며 웃으신다.

제가 빨강 머리 앤을 참 좋아하는데요. 앤이 결혼을 해서 살면 이런 모습일 것 같아요. 하시는데 부끄러워서 말도 더 못 잇고 감사 인사를 전했다. 하원 할 때는 이야기를 들으신 태오 담임선생님께서 놀랐다며 다시 인사를 해주셨다. 부끄럽기도 하고 벅차기도 하고 또 한없이 기쁜 날. 영화 〈인사이드아웃〉에서처럼 알록달록 여러 마음으로 물든 기억 공이 오늘 날짜로 저장될 것 같다.

태오가 어린이집을 졸업하고 몇 년이 지났는데, 얼마 전 원장님께서 많이 편찮으시다는 이야기를 전해 들었다. 어서 쾌차하셔서 평안한 일상으로 돌아오시기를 진심으로 기도한다.

앤

에어컨이 고장 난 이틀 동안 정말 너무 재미있게 놀았다.

공식적으로 저녁을 짓지 않아도 되니, 남편이 퇴근할 때까지 신나게 땀을 흘리며 놀고 시간에 맞춰 개운하게 아이들을 씻기고 외출준비를 하면 됐다. 그제는 새로 생긴 고등어집에서 아이들 밥을 먹였는데 시래기 된장국에 고등어구이 한 점을 먹더니 재희 말이 이건 엄마 밥상으로 간판 이름을 바꾸어야 된다고 해서 엄청 웃었다. 밤에는 시원한 마트를 실컷 쏘다니다가 차가운 그린 스무디를 하나씩 먹고 돌아와 미지근한 물로 씻고는 바로 잠에 들었다. 맞창을 열고 선풍기 두 대를 켜고 자는 잠인데도 요 며칠 여름잠 중에 가장 달았다.

어제는 짜장면집에 갔다. 배달 짜장면 말고 정말 따끈하고 윤기 나게 갓 볶은 짜장면은 무척 오래간만이어서 나도 맛있게 먹었고 아이들은 더 좋아했다. 그리고는 노래방에 갔다. 노래방이 어인 말인가 싶지만 아이들과 노래를 부르러 한 번씩 다녀온다는 주위의 이야기를 들어서 가 보고 싶었다. 나는 세상에 십 년만이다. '반짝반짝 작은 별'과 '나처럼 해봐요 이렇게'를 열창한 태오는 춤 삼매경이고, 재희는 '어른들은 몰라요'와 '네모의 꿈', '아름다운 세상'을 불러서 너무 좋았단다. 물론 중간에 남편의 이적 노래 연곡 스페셜공연을 들어야 했지만.

그리고 집에 돌아와 역시 미지근히 씻고 빗소리를 들으며 선풍기 두 대로 푹 잘 잤다. 에어컨을 꺼도 덥지 않으니 재희는 꼭 달 샤베트를 먹은 것 같다고 했다. 남편은 낮 동안 일을 다 했는데도 휴가를 보낸 것처럼 재미있었다고 했다.

오늘 에어컨 기사님이 드디어 오시는데 안 오셔도 될 것 같기도 하고 그렇다.

달샤베트

오늘 원에서 토마토는 내 친구 놀이를 하고 노래도 부르고 잘 먹기로 다짐들도 하고 오후 간식으로 토마토가 나왔단다. 태오가 토마토를 보고는 두 손 모아서 입에 대고 아주 작은 소리로 "선생님!"을 다급하게 부르더란다. 그래서 왜 그러느냐 다가가 물으니 또 손 모아 입을 가리고 소곤소곤 태오는 토마토 시러해요. 하더란다.

다른 친구들에게 안 들리게 하고 싶어 하는 게 너무 귀여워서 선생님도 소곤소곤한 말로 몸이 튼튼해져야 하니까 딱 한 개만 먹어볼까 하셨단다. 작은 조각 한 개를 입에 문 녀석이 선생님과 눈만 마주치면 입 모양만으로 태오는 토마토 시러해요. 했단다. 그러면 안 되는 거지만 녀석이 너무 귀여워 다음 간식으로 나온 츄러스 설탕을 털어서 얼른 입에 쏙 넣어주셨다고. 그랬더니 태오가 이제 됐다는 표정으로 엄지를 척하고 내밀어 주었단다.

태오 덕에 많이 웃었어요. 하시던 선생님.
저도 녀석 덕에 매일 많이 웃어요.

토마토

135

여름

소박하고 근사하게

일요일에는 이모가 놀러 와서 재희를 종일 끌어안고 놀아주고 밥도 먹여주었는데 한 번도 싫다고 안 하고 아가처럼 꼭 안겨있어 내가 좀 놀랐다. 태오는 심심하면 한 번씩 엄마에게 안아달라고 하던데 재희는 왜 안 해? 하고 이모가 물었을 때, 나는 녀석이 이제 다 컸잖아요. 아니면 창피해서요. 라고 말할 줄 알았는데 엄마가 너무 무거울까 봐요. 하는 거다.

내가 잘못 생각했구나. 이렇게 자라난 소년도 아직 엄마에게 꼭 안기고 싶은 순간이 많았다. 다만 조금 더 참을 줄 알아서 어린 동생에게 품을 양보하고 조금 더 엄마를 헤아려 투정 부리지 않았다. 고마운 나의 재희. 하루에 한 번씩 꼭 안아주어야지 하고 다시 다짐하는 밤.

안아주세요

해무가 가득한 밤. 남편과 바다를 앞에 두고 나란히 섰다. 거리도 깊이나 길이도 그 어떤 경계도 함부로 말하거나 상상할 수 없는 어둠 속에서 소리로 바다를 보았다. 굵은 비가 바다 위에 떨어지는 소리. 먼 곳으로부터 돋움 질한 파도가 물을 움켜쥐는 소리. 힘겹게 움켜쥐었건만 쥔 손틈으로 모래가 빠져나가는 쓸쓸한 소리.

낮에 바닷가에서 놀던 태오가 무슨 생각을 했는지 남편의 손을 꼭 잡고는 "아빠, 바다가 움직여요." 하고 속삭였다고 한다. 그래 맞다. 소리를 들어보니 바다가 정말 움직이고 있었다.

바다를 향해 카메라를 들었을 때 남편은 뭐가 찍혀? 하고 물었다. 아니 그냥 이 순간을 담아두고 싶어서 하고 대답했다.

속초

140 소박하고 근사하게

비 올 때 떨어진 못생긴 토마토가 큰 바구니에 육천 원인데 나는 주스 만들 거니까 하고 얼른 사 왔다. 빨리 먹어야지 아이고 내일은 꼭 먹어야지 하다가 결국 깜빡깜빡 잊은 사이에 다 익어 무르기 시작했다.

정 안 되겠는 부분은 도려내고 끓는 물에 살강 삶아 껍질 벗기고 소금 한 꼬집 후추 조금 발사믹 식초 올리브오일 아가베 시럽 간해서 냉장고에 잠깐 넣어두었다. 저녁 식탁에 꺼내 너무 맛있게 먹고 오늘 아침에 먹으려고 차갑게 한 통을 더 만들어 두고 잤다. 밤사이 토마토에는 간이 맛있게 잘 배었다. 자작한 국물은 또 어쩜 이리 맛있는지 호밀빵 두 쪽을 구워서 콕콕 찍어 먹었다.

차가운
토마토 절임

차가운 토마토 절임 만들기

○ **재료**

토마토
(방울토마토 큰 토마토 못생긴 토마토 다 가능)
소금
후추
발사믹 식초
올리브 오일
아가베 시럽
(그냥 시럽 매실청 요리당 처럼 단맛이 나는 것)
바질

1. 토마토에 십자로 칼집을 내어 끓는 물에 살강 삶는다. 칼집 낸 부분의 껍질이 나 불거릴 정도로만.

2. 차가운 물에 (얼음을 몇 알 넣으면 더 좋고) 삶은 토마토를 건져 넣고 껍질을 벗긴 다. 토마토가 너무 크다면 먹기 좋은 크기로 자른다.

3. 볼에 발사믹 식초3 올리브 오일2 아가베 시럽2 소금 한 꼬집 후추 조금 갈아 넣고 잘 섞어둔다. 간을 보아 취향껏 가감한다.

4. 2와 3을 두루 잘 섞는다. 이때 토마토가 다치지 않게 볼을 기울여 설설설.

6. 마지막에 바질을 넣고 통에 담아 냉장고에 한 시간 정도 넣어두었다가 차갑게 먹는다.

- 이틀 사이 먹는 것이 가장 좋고, 갓 만든 것은 싱싱한 느낌으로 맛있고 하루 지난 것은 국물의 간이 잘 배어 또 좋다.

차가운 토마토 절임을 이용한 차가운 샐러드파스타

1. 파스타 면을 삶아 볼에 담고 올리브오일 소금 한 꼬집 후추 조금으로 밑간을 한다.
2. 그릇에 국수를 담고 위에 만들어 놓은 차가운 토마토 절임을 바닥의 소스와 함께 듬뿍 얹는다. 생 바질이나 샐러드 채소를 함께 올려 먹는다.

호밀빵과 함께

1. 단단한 호밀빵을 도톰하게 썰어 팬에서 앞뒤로 노릇노릇 바삭하게 굽는다.
2. 차가운 토마토절임과 곁들여 낸다.
3. 토마토를 올려먹고 남은 소스에 빵을 콕콕 찍어 먹는다.

써놓은 글의 오타가 자꾸 떠올라서 잠이 안 올 때가 있다. 주책없이 덧붙인 말이 부끄러워서 그럴 때도 있고 다른 사람 표정에서 언젠가 내가 지었을 만한 표정을 발견하고는 아차 싶을 때도 있다. 어떤 날은 홀로 고요 속에 앉아 너무 여러 가지를 생각한다. 오늘이 그런 날.

구름이 지날 때마다 집안의 조도가 잠깐씩 바뀐다. 아주 긴 구름이 지나가는구나 했는데 방금 노란 알전구 스위치를 누른 것처럼 해가 반짝하고 켜졌다.

은반달이 해 질 녘 하늘에서 말갛게 빛났다. 달에 얼굴을 겹쳐보는 것은 오랫동안 많은 이들이 그리운 이를 떠올리는 방식이었다. 먼 나라로 출장을 떠난 남편이 어서 돌아와 식탁에 마주 앉았으면.

그런날

145
여름

저녁에는 모처럼 짜장면을 불렀다. 남편이 배달쿠폰을 모아두는 상자에서 번호를 찾아내 전화를 걸기에 그냥 두었는데 나중에 보니 늘 불러 먹던 집이 아니었다. 값도 구성도 같은 세트라서 깜빡 모를 뻔했는데 탕수육 담겨 있는 모양을 보고 내가 알아챘다. 이 집은 찹쌀가루를 하얗게 발라 튀겨주는 곳이어서 탕수육 빛이 투명하고 씹으면 쫄깃쫄깃 맛이 좋다.

같은 동네 바로 옆길이기는 해도 몇 해 전에 이사를 하면서 더 가까운 곳에서 불러 먹기 시작해 영영 존재를 잊어버린 가게였는데. 쿠폰 모아둔 것이 있었는지 남편이 전화를 넣어서 모처럼 잊었던 그 탕수육을 맛보게 되었다.

재희 태오가 마치 탕수육 처음 먹는 아이들처럼 쉬지 않고 맛있게도 집어먹어서 남편이 마치 의도한바이었다는 듯 으쓱해 했다. 입에 짜장을 잔뜩 묻힌 채로 탕수육 큰 것을 가져가 오물거리던 태오가 아주 작은 소리로 "행복해"라고 말했다. 누구 들으라고 한 것이 아니라 제 안에 품은 마음이 자기도 모르게 말이 되어 나왔다.

태오가 그런 말을 할 줄 아는 줄 처음 알았다. 남편과 내가 그걸 얼른 알아듣고는 태오에게 방금 작게 한 말 다시 크게 들려들 수 있겠느냐고 알면서도 되물었다. 녀석이 엄마 아빠를 바라보며 정말 행복한 얼굴로 "행복해."하고 말해주었다. "입에 짜장은 잔뜩 묻히고는 정말 행복해 보이긴 한다."하며 제 동생이 귀엽다는 듯 제법 형아처럼 말하는 재희 녀석. 그런데 그 녀석 입에도 짜장이 잔뜩 묻었다.

작은 식탁에 접시 몇 앞에 놓고 마주 앉아 저녁 먹는 시간이 우리에게 정말로 소중한 이유.

짜장면

148
소박하고 근사하게

씻고 나온 태오가 옷을 입으면서도 뭐가 좋은지 자꾸 웃는다. 윗도리는 엄마가 입혀주고 바지는 태오가 입어서 엄마랑 태오랑 짝꿍이라서 좋다는 말도 안 되는 이유로.

로션을 발라주며 태오는 매일매일 기분이 좋은 것 같애. 했더니 재희가 옆으로 슬쩍 지나가면서 태오는 매일 뇌에서 생일파티를 하나 봐요 한다. 그 말이 웃겨 한참 웃었네.

어떤 날은 산다는 것이 곧 사라져버릴 손바닥 안의 나무 그림자처럼 허무하고 쓸쓸하다가도 이렇게 사소히 어여쁜 순간의 기억들 덕에 꽤 오랫동안 행복하게 지낸다.

늘 기분이 좋은
아이

치카해야지. 했더니 밑도 끝도 없이 추카해! 해놓고 꽃 같은 얼굴이 되어서 그런데 뭐를 추카해? 하고 되묻던 우리 태오.

엄마가 왔다 갔다 정신없는 사이 빵을 다 비우고 식탁 위 쨈을 냉장고에 넣어놓았다. 덜 닫힌 뚜껑마저도 귀엽다 그 마음은 더.

쨈

깔깔 웃는 태오 잠꼬대가 알람이 되어 덕분에 다 같이 기분 좋게 깬 아침. 여전히 안 깨고 잠꼬대로 깔깔깔 껄껄 웃는 태오를 형아가 살살 흔들어 깨웠다. 엄청 웃긴 꿈을 꾸었다며 웃는 태오의 너무 예쁜 얼굴.

알람

학교에서 일학년 친구들이 알뜰시장을 열었다. 팔고 싶은 물건 몇 가지에 손으로 만든 가격표를 달고 목에 거는 동전 지갑에 이천 원을 모두 백 원으로 만들어 돗자리와 함께 가져갔다. 재희 가게 이름은 싸다싸다 마트 인데 연필과 책갈피 작은 장난감 몇 가지를 골라 나름대로 가격을 정해 팔겠다고 했다. 엄마 눈에는 저것을 누가 살까 싶었는데 아이들만의 시장이니 보는 눈이 같았는지 금세 다 팔렸다고 한다.

재희는 친구들에게서 귤 두 개와 방석 조각 레고와 미니카 놀이 카드를 잔뜩 사 왔다. 그리고 엄마 선물이라며 내민 것은 핸드크림. 핸드크림을 팔 것으로 가져온 아이가 있던 모양인데 엄마에게 사주고 싶어 제가 얼른 골랐단다. 사고 싶은 것들이 많았을 터인데 이천 원 용돈에서 핸드크림은 오늘 재희가 산 것 중에 가장 비싼 것이었다. 담담히 잘 쓸게 하고 받아들었는데 방에 가지고 들어와 조금 울었다. 재희에게 받은 첫 선물. 아주 오래도록 내가 가진 것 중에 가장 비싼 물건일 것 같다.

첫 선물

재희 방학 숙제 중에는 사포에 그림 그리기가 있었다. 그리고 싶은 것을 생각해 두었다고 하더니 나무 펜스가 둘러쳐지고 초록이 한창인 농장을 그려내고는 여름의 농장이라고 이름까지 지어왔다. 남편이 저녁에 퇴근해와 녀석의 그림을 보고 언제 이런 곳을 가보았느냐고 상상한 것이냐 되물었다. 재희는 내 머릿속에 있지요. 하며 웃었는데 밤에 잘 자리에 누워 남편과 나는 봉평 여행 이야기를 안 할 수 없었다. 가본 일도 없는 목장을 어쩌면 이렇게 그렸을까. 녀석의 기억 어디엔가 신기하게도 봉평이 남아있는 것 아니겠냐며.

재희가 태어난 지 백일 되었을 때 백일잔치를 하는 대신 우리는 여행을 떠났다. 그곳이 봉평이다. 그때는 계절이 일러 꽃은 못 보았지만 작은 아이를 품에 안고 푸른 메밀밭과 목장을 따라 오래 걷던 일이 기억에 남았다. 그래서 우리 이다음에 꼭 다시 봉평에 가자고 늘 얘기했었다.

남편이 토요일 아침 갑자기 봉평에 가자고 했다. 신문 기사를 보다가 사진 한 장을 내밀었다. 메밀꽃이 한창이라며. 아침 먹은 설거지를 하다가 남편의 말에 갑자기 들떠 그렇게 아무 준비도 없이 작은 가방 하나에 갈아입을 옷 하나만 챙겨 넣고 봉평으로 떠났다.

봉평은 추웠다. 해가 꽤 따가운 와중에도 얇은 티셔츠 한 장으로 걷기에는 등과 목덜미가 시렸고 해가 지고 나서는 놀랍게도 입김이 나왔다. 혹시나 하는 마음으로 평소에도 가방에 넣어 가지고 다니는 아이들 얇은 바람막이 점퍼가 더없이 고마웠다.

평소에 꼼꼼히 검색하고 여러 리뷰를 공부하듯 읽고 선택을 하던 것과는 달리, 달랑 사진 한 장만 보고 성급하게 잡은 숙소는 사실 엉망이었다. 아이들에게 좋은 것을 먹이겠다고 숙소와 달리, 차를 세워두고 신중하게 검색해 들어간 식당 또한 그랬다. 가짓수만 많은 차려진 찬 어느 것 하나에도 손이 가지 않았다. 비싼 값을 냈음에도 소고기를 시키지 않았다고 눈치를 주던 그 이상한 식당에서 꾸역꾸역 요기만 하고 일어나, 그래도 괜찮아 우리에게는 몸 누이고 쉴 곳 있으니. 어서 가서 뜨끈한 방에서 주전부리를 하면서 쉬자. 하는 마음으로 숙소를 찾아갔다. 그러나 왜 슬픈 예감은 틀린 적이 없나. 저절로 그 노래 그 가사가 떠올랐다. 가로등도 팻말도 없는 산길을 구불구불 올라갈 때부터 조금씩 불안해지기 시작했다. 이렇게 깊이 들어가면 공기 하나는 정말 좋겠네. 라며 애써 웃었지만 거의 모든 손가락 굵기의 그러니까 그렇게 다양한 벌레들이 들러붙은 문을 재빨리 열고 들어가 냉기로 선듯선듯한 대리석 바닥을 지나 눅눅하기 짝이 없는 이부자리와 거미줄이 진을 친 욕실을 보고는 아. 이대로 일어나 집에 돌아가야 하는 것이 아닌가. 남편도 나도 먼저 입 밖에 말을 꺼내지는 않았지만 한동안 아무 말이 없이 그렇게 앉아 있었다.

그런데 아이들이 그 와중에도 저들 나름대로 챙겨온 장난감을 꺼내 너무나도 재미있게 놀았다. 편의점에서 사 온 과자 하나에 행복해하는 아이들을 보니 집에 돌아가자는 말은 목구멍으로 쑥 넘어가버렸다.

하룻밤 정도 설친다고 해도 나쁠 것은 없다. 평안한 집에서도 종종 그러는데 여행지의 밤을 설치는 것쯤이야. 하룻밤 정도 대강 씻는다고 해도 특별히 나쁠 일이 있을까. 눈곱 잘 떼고 이만 잘 닦으면 된다. 그렇게 생각하고 나니 뭐 더는 나쁠 것도 없었다.

  아직 시간도 이르니 즐겁게 지내자 싶어 있는 옷을 다 껴입고 (정말로 추워져서) 다시 밖으로 나섰다. 가로등도 없는 깊은 산 속의 밤하늘은 너무나 아름다웠다. 아이들을 끌어안고 별구경을 실컷 했다. 그리고 야시장 선 곳이 있다고 해서 길을 나섰다. 끝에 바늘이 달린 짧은 화살촉을 던져 풍선을 터트리는 길거리 게임도 한번 했다. 한구석에 쌓여있는 조잡한 봉제 인형이 상품인 것과 촉이 몇 개 들어있지도 않은 한 바구니가 오천 원이란 하는 것을 보니 아이들에게는 별로 시켜주고 싶지 않았다. 그런데 재희가 좀 토라졌다. 엄마 아빠는 어렸을 때 해보았는데 별것 아니라는 말을 듣고는 뒷말은 다 까먹고 엄마 아빠는 해보았으면서 자기도 한번은 해보아야 하는 것이 아니냐 되물었다. 딱히 대꾸할 말이 떠오르질 않았다.

  생각과 달리 아이들 먹을 만한 시장 주전부리도 없고 조잡한 대로 귀여워서 기념이 되게 살만한 물건도 없어서 아이들 입장에서는 추운 야시장이 심심했을 것이다. 재희 한 바구니 태오 한 바구니 그렇게 만 원을 주고 게임을 해서 세상 가장 조잡한 형광플라스틱 칼자루와 지저분한 곰 인형이 뽑히고 말았다. 그런데 아이들 얼굴이 안되었던지 주인이 두 개를 합치면 가오나시 인형 한 개와 바꿔 줄 수 있다고 했다. 저들이 보기에도 그편이 나았는지 글쎄 금세 얼굴에 화색이 돌았다. 가오나시 인형(그 역시도 조잡한 것이지만)을 이 녀석 한번 저 녀석 한번 번갈아 끌어안으며 좋아했다.

까만 밤하늘에 아주 느리게 날아오르는 동그랗고 노란 불빛은 살며 내가 봐온 몇 안 되는 정말 아름다운 모습에 손꼽힌다. 풍등이었다.

가까운 곳에서 풍등 날리기 행사가 있던 모양인데 우리가 겨우 그 자리를 찾아 갔을 때는 마지막 풍등까지 손을 떠나 하늘로 올라간 후였다. 날려보는 것은 못 했지만 그 자리에 서서 남편과 아이들과 밤하늘에 오랫동안 풍등이 떠가는 것을 구경했다. 너무너무 아름다워 눈물이 났다. 남편과 아이들과 함께 이렇게 아름다운 것을 볼 수 있어서 너무나 감사했다. 겨우 눅눅한 잠자리 때문에 포기하면 안 되었을 큰 행복이었다.

야시장에서 돌아와 도저히 들어갈 엄두가 안 나는 욕실 대신 넓은 싱크대 앞에 서서 낄낄거리며 고양이 세수를 하고 이를 닦았다. 양말도 안 벗고 겉옷도 입은 채로 넷이 끌어안고 잠을 잤다. 아이들은 고단했는지 금세 잠이 들었고 나는 더러 깼지만 그런대로 눈을 붙였다.

새벽에 일찍 일어난 남편이 주위를 휘 둘러보고 돌아와 공기가 좋다며 나를 깨웠다. 밤벌레들이 잠들러 간 이른 아침은 창문을 다 열어놓기에도 좋아 넓은 통창 앞에 식탁을 옮겨다 놓고 간단히 사 온 요깃거리들을 데우고 뜨거운 인스턴트커피를 만들어 아침을 먹었다. 파란 바람막이를 후드까지 꼭 채워 입은 아이들은 차에서 킥보드를 꺼내다가 숙소 앞 데크를 쉼 없이 가로지르며 놀았다.

백일이 된 재희를 품에 안고 갔었던 대관령을 다시 찾았다. 올여름은 참으로 더웠다. 재희가 그려낸 사포 그림 속 여름의 농장은 어디일까. 재희의 그림을 보고는 그 속으로 들어가 휘엉휘엉 이는 바람을 맞으며 쉬고 싶다고 생각했었다. 갑작스럽게 봉평으로 떠나와 대관령을 걷고 있을 때 우리는 영락없이 재희의 그림 속에 들어와 있다는 것을 알아챘다. 해는 따갑고 바람은 차가운 완벽한 여름의 농장이었다.

봉평

매만지는 손길이 없어 타일 사이사이 잡초가 함부로 자라고 일찍 쇠한 낙엽 몇이 게으르게 나뒹구는 예쁠 것 없는 길. 낡은 철물점과 문 닫은 옷가게와 빈 솥에서 한숨 같은 김이 날리는 만두집을 지나 구두수선집 아저씨가 쪼그려 앉아 담배 태우는 것을 구경하며 걷는다.

오늘 이 길의 주인은 쏟아지는 가을해다. 걷는 사람들 모두 길의 주인에게 통행료를 지불하듯 걸쳤던 윗옷을 벗어 한쪽 팔에 얹고 길었던 소매를 걷어 올렸다.

가을
autumn

1

 남편은 어느 날 갑자기 오만 원짜리 텐트를 사놓고 추석 당일에 캠핑을 가겠다고 통보를 했다. 우리 어릴 때 집집마다 엄마들이 쓰시던 것. 밥 때를 놓치고 늦게 들어오는 식구를 먹이려고 차려놓은 식탁 위를 덮어 세워 두던 반찬보, 손잡이 없는 우산처럼 생긴 딱 그 모양이다. 남편이 산 오만 원짜리 텐트 이야기다. 땅에 발을 다 펴고 위를 딸깍하고 꾹 누르면 착 하고 세워지는 정말 웃긴 그 텐트.

 시댁에 들러 프라이팬 하나 냄비 하나를 챙겨 넣고 손님용 솜이불 한 채를 싸 들고 캠핑을 가겠다는 남편은, 캠핑 당일인 오늘 아침 친구와 친구 부부 그 아이들도 초대했다는 말로 또 한 번 나를 기함시켰다. 내 어이없는 표정을 지켜보시던 어머님께서 고기 구워 먹고 소금 놀다가 살살 달래서 오니라 하셨는데, 마지막 문자에는 전주이씨 고집은 못 꺾는 거라고 어쩌겠느냐 하신다.
 친구들이 와서 이 꼴을 보고는, 가을이라고는 해도 산속 새벽공기가 찬 데, 너 이렇게 자면 동사한다고 두 시간을 말리고 어르고 혼을 했으나 남편은 혐의를 인정하지 않고 버텼다. 쌈에 고기를 잔뜩 싸서 내 입에 밀어 넣어 주며 그래도 좋지 않으냐고 느물느물 웃었다.
 친구들이 마지막까지 만류를 하다가 돌아가고, 혹시 몰라 챙겨온 옷을 아이들에게 겹겹이 입히고 솜이불 속에 꼭꼭 붙여 누웠다. 태오가 문득 "아빠, 별님은 깜깜 밤의 친구야?" 하고 물었다. 불빛 한 점 없는 산중 캠핑장의 밤하늘은 정말 맑고 까맸다. 별이 이렇게 많았구나. 하고 생각했는데 어깨를 꼭꼭 붙이고 누운 밤, 태오가 이렇게 물었을 때 내내 언짢고 어이없던 마음이 스르르 다 풀어져 버렸다.

결혼 후 십 년 만에 처음으로 남편의 무리수를 보았다. 우리들의 무리수 추석 캠핑은 이렇게 시작되었다. 다행히 동사를 면하고 살아남아 기록을 남길 수 있게 되었다.

2

 남편의 무리수 캠핑기록이 캠퍼분들의 처음을 떠올리게 했었나 보다. 나를 만나면 캠핑 또 안 가세요? 하고 묻는 분들이 정말 많았다. 장비를 갖추기 전에 아무것도 모르고 막 떠나는 캠핑이 제일 기억에 많이 남아요. 하며 같이 웃어주셨다.

 왜 아니겠나요. 남편은 올해도 추석 연휴 끝에 또 그 캠핑을 가겠다고 했다.

 못 이기는 척 따르되 남편이 하는 대로 지켜보기로 마음먹은 것은 나의 무리수다. 무리수에는 무리수로 대응해보기로 한 것. 이상한 얘기지만, 내가 더 생각을 기울이고 꼼꼼하게 손을 쓰기 시작하면 더 풍족하고 알찬 캠핑이 될지는 모르지만 그만큼 나는 괴로워질 것이다. 아무것도 없으니 준비를 할 필요도 그 과정의 스트레스도 받지 않겠다는 남편의 취지를 못 이기는 척 따르기로 했다. 그래 봐야 고작 일 년에 한 번 인 것이다.

 냄비에 팔팔 끓인 물을 종이컵에 기울여 담아 살살살 조금씩 천천히 내려 만든 커피. 이천 원짜리 플라스틱 드리퍼가 우리가 돈 주고 산 첫 번째 캠핑용품이다. 매점도 없는 산속에 들어왔는데, 차에 종이컵 잔뜩 있다더니 어 없네. 하고 미안한 표정을 짓고 끝나는 남자와 산다면 어제 시댁에 내려오며 휴게소에서 사 먹고 차에 두었던 테이크아웃 커피 컵을 닦아서 쓰면 된다.

 우리 재희 먹고 싶다는 즉석떡볶이를 하고 고기 구워 알밤 막걸리를 마셨다. 남편은 느물느물 웃으며 확인하듯 자꾸만 좋지? 하고 묻는다.

  이만 닦고 자려고 누웠다가 누군가 꺼낸 라면이라는 단어가, 팔팔 물을 끓이고 구수하고 얼큰한 냄새를 절로 풍기며 젓가락으로 들어 올린 고불고불한 면이 명랑하게 낭출거리기 시작해서 결국 모두 다시 나와 앉았다. "추울 때는 역시 라면이야. 라면은 밖에서 먹어야 제맛이지." 면발을 푸룩푸룩 빨아들이며 재희가 한 말이다. 이런 말은 어디에서 배우는 걸까. 캠핑 백번쯤 해본 아이들처럼 주거니 받거니 뜨거운 라면을 찬 코를 훌쩍여가며 맛있게도 먹는다.

  라면을 다 비웠지만 자러 들어가기는 아쉽다며 핫초코를 끓여 마셨다. 깜깜한 산속의 밤. 우리에게 랜턴은 하나뿐이라 무언가를 하려면 한사람이 꼭 램프 지기를 해야 한다. 재희는 랜턴을 들고 핫초코 가루가 담긴 컵에 뜨거운 물을 나누어 담을 때마다 물을 흘리지 않도록 비춰주었다. 코가 시린 밤공기 속에서 호호 불어가며 나누어 마신 핫초코의 맛은 재희에게 아주 특별한 기억으로 남아 그림이 되고 글이 되기도 했다.

  연휴 끝 날이라 캠퍼들도 적어 넓은 공간 드문드문 자리를 잡았는데 새벽녘에 누가 자꾸만 우리 텐트 주위를 걷는 것 같은 소리가 들렸다. 여름 다 지나 이게 어인 납량특집인가 싶었는데 아침에 일어나 보니 그건 바로 알밤 구르는 소리였다. 우리 텐트 자리에 그늘을 드리우고 서 있는 커다란 나무는 바로 밤나무였던 것. 가지 끝에 매달린 밤송이 몇이 중력을 이기지 못하고 툭 하고 떨어져 뛰루뛰루 뒹굴다 멈추는 모양을 보고 나서야 소리의 정체를 알아채고 웃었다.

밤이 밤송이 안에 들어있다고 말로 그림으로 알려주었어도. 연두 가시가 까실까실한 밤송이를 양발로 꼭 붙들어 아트트 사이를 벌여주자 아이들이 탄성을 질렀다. 보물처럼 쏘옥 담겨있던 만질 만질 예쁜 알밤을 손에 넣었을 때 아 이게 밤이구나. 하고 밤이란 것을 마치 처음 보는 듯이 신기해했다. 아이들 눈빛에 신이 난 남편이 텐트 폴대를 들고 알밤이 매달린 밤나무 가지를 톡톡 두드렸다.

가지가 너무 높아 우리가 얻은 것은 여섯 알. 한 개는 껍질을 벗겨 나누어 먹었다. 나무에서 막 떨어진 밤은 물기가 많고 떫었다. 그래도 우린 이 맛을 오래 기억하겠지.

그나저나 산속의 아침은 정말 추웠다. 밤 따기를 멈추고 도로 오만 원짜리 텐트 속 솜이불로 들어가 아이들과 끌어안고 노는데 밖이 조용해졌다. 아침으로 토스트 해준다던 남편은 식빵을 굽다 말고 홀연 사라졌다. 화장실에 갔나보다 기다려도 오지 않고 전화기도 놓고 간 남편은 정말 한참 만에 나타났다. 빵 세 쪽 굽고 부탄가스가 떨어져서 산 아래까지 다녀왔다고 한다. 그저 웃지요.

추석 지나 캠핑까지 끝내고 여섯 날 만에 드디어 집에 돌아왔다. 남편은 오자마자 침대에 누워 내리 세 시간을 코를 골며 잤다. 어설퍼서 귀엽고 쉬운 게 없어서 자꾸만 웃긴 캠핑을 꾸리느라 고단했을 터이다. 이상하고 아름다운 캠핑은 앞으로도 계속.

이상하고 아름다운
캠핑

소박하고 근사하게

멀리 양장 투피스를 차려입은 할머니 한 분이 마주 걸어오신다. 그런데 문득 할머니께서 가던 걸음을 멈추고 화단으로 들어가 기웃기웃 커다란 낙엽 한 개를 찾아내 주웠다. 걷던 길바닥에서 그 낙엽으로 무언가를 살살 훔쳐낸다.

  할머니 하시는 모습을 보며 내 쪽에서는 계속 걸었으니 나는 이제 할머니와 제법 가까워졌다. 손에 들린 낙엽 사이로 무언가가 꾸물하고 움직였다. 할머니는 그 꾸물 하는 녀석이 떨어지지 않도록 두 손으로 받쳐 축축한 화단 흙으로 옮겨주고는 가던 길로 마저 걸음을 옮기셨다.

  비 샤워를 하러 나왔던 지렁이가 그만 제집을 못 찾아가고 마른 바닥에 슬프게 누워 말라가거나 말라버린 모양을 보는 것은 참 흔한 일이었는데. 징그럽다 밟지 않으려 내 발만 바삐 옮길 줄 알았지 다시 축축하고 따뜻한 흙 곁으로 제집 찾아줄 생각을 못 해봤다. 처음 뵈는 할머니께 이 좋은 공부를 가르쳐주셔서 감사하다고 인사드리고 싶었다.

지렁이

내 아이를 낳아 기르면서, 마음 아픈 것 잔인하고 무서운 것 그런 것들이 싫어서 영화도 책도 채널도 점점 가려보게 된다. 그런데 어떤 날은 신문 기사가 더 아프고 잔인하고 무섭다는 생각이 든다.
우리 눈앞에 정말로 일어나고 있는 일이라는 것이.
그보다 그 일의 본질에서 벗어나 더 자극적인 단어와 사진을 모아 만든 기사와 그 글에 함부로 달려있는 댓글들은 악마가 쓴 것이 틀림없어 보인다.
어느 어린 여아이돌 가수가 죽음 앞에서도 끊임없이 조롱당하는 것을 지켜본다.

어느 날은 악플러가 되고 싶다는 생각을 한다. 나의 악플의 악은 악마 같은 기사와 댓글을 향한 것이었으면 좋겠다. 한쪽으로 기울어있는 댓글이 무서워 차마 쓰지 못하는 다른 한쪽의 생각을 건강하게 전할 줄 아는 용기가 내게 있었으면 좋겠다고 생각했다.
날카로운 것이 눈에 띄고 뾰족할수록 드러나는 곳이라지만, 수많은 아픈 글들 사이에 선한 이들이 징검다리처럼 평안하고 안전하게 디디고 설 수 있는 착한 글 바른 생각을 전하고 싶다는 생각을 한다.

대학 때의 일이다. 전체 엠티의 저녁 자리에서 한 선배가 내 옆에 앉은 친구에게 너 몇 년도에 졸업한 누구 누나랑 닮았다고 했다. 그 누구 누나를 아는 남자 선배들이 다 웃었다. 그 웃음소리는 이유를 알기도 전부터 이미 기분이 나빴다. 신입 여학생들인 우리들을 앞에 두고, 얼굴도 비슷한데 몸매도 똑같아. 라며 그의 두 손이 불룩한 가슴 모양을 만들었다. 친구는 그만 울음을 터뜨렸다.
선배는 무슨 선배 그 거지 같은 남자 새끼들에게 왜 매운탕 냄비를 못 엎어줬나 가끔 한이 된다.

대학을 졸업하고 얼마 지나지 않아 두 학번 위, 친하게 지내던 언니가 결혼을 했다. 유명한 캠퍼스 커플의 결혼이었기에 결혼식장은 과 동문회가 되었다. 모처럼 만난 동기들과 식사를 하고 있는데 학번이 꽤 높았던 어느 남자 선배가 갑자기 인상을 쓰며 내게 와서 저쪽 테이블에 대선배님들이 계신데 시시덕거리지 말고 뭐 필요하신 것이 없는지 가서 물어보고 가져다드리라는 것이었다.
먼 테이블을 건너다보니 얼마나 윗 학번인지 아는 얼굴조차 없었다. 게다가 이제 겨우 장년인 그들에게 음식을 날라주어야 한다는 것은 또 얼마나 우스운 일인가. 나 또한 결혼식에 초대받아 온 손님인데 도대체 내가 왜 그 일을 해야 하는 것인지 잘 이해가 되지 않았다. 그리고 수많은 남자 동기들은 빼놓고 왜 나와 내 여동기들만이 시시덕거리는 것으로 보였는지가 아직도 의문이다. 대접하는 일을 하고 싶다면 본인이 하면 될 것이었다.
성화에 못 이겨 바보 같은 나는 결국 그 테이블에 가서 몇 학번 누구 통성명을 하고 필요하신 것이 없는지 물었다. 오히려 그분들은 아주 난색을 하셨다. 물어봐 주어 고맙지만 괜찮다는 말이 돌아왔다. 그 남자 선배는 언제 왔는지 내 옆에 서서 아주 우쭐한 표정으로 제가 물어보라 시켰다며 생색을 냈다. 아 이게 바로 그 생색용.

내 두 번째 직장의 나이 든 여자팀장은 회식을 할 때마다 윗사람의 오른쪽 왼쪽 옆자리와 앞자리에 앉을 사람을 지정하곤 했다. 당연히 여자직원으로. 예쁘고 애교가 많은 사람은 옆자리, 술을 잘 마시고 비위를 잘 맞추는 축은 앞자리에 앉으라는 것이다. 이것은 간택의 자리인가.

이 일은 누구도 이의를 제기하지 않는 일과가 되어가더니 어떤 일로 분위기가 좋지 않던 어느 날, 회식을 앞두고 남자직원은 아무렇지도 않게 이런 얘기를 했다. 옆에 앉아서 누구 씨가 애교 좀 부려주면 잘 해결될 거라고.

무수히 많지만 더 떠올리고 싶지 않다.

가끔 컨디션이 나쁜 날은 내가 바보같이 그냥 앉아있었던 장면 몇이 같이 떠올라 괴롭다.

아직도 내가 겪은 것과 똑같은 어떤 장면들 속에 앉아있을 어린 여자아이들과 여학생들과 여직원들에게 미안한 마음이 든다. 나이를 먹어가며, 그저 한 가정에서 살림을 하고 아이를 키우는 한 엄마로서의 책임이 아니라 사회를 만들고 이끌어가는 어른으로서의 책임이 있다는 것을 통감한다.

내 아이들을 어떻게 길러 사회에 내보낼 것인가. 나는 어떤 어른으로 성장할 것인가. 어떤 목소리를 낼 것인가를 늘 공부하고 고민해야 한다고 생각했다.

어떤 장면들

낮잠에서 깨어난 태오가 조금 칭얼거리기에 선생님께서 안고 토닥여 주셨다고 한다. 기분이 나아진 태오는 다시 잘 놀다가 오후 간식시간이 되자 선생님 앞에 불쑥 걸어왔다고…. 선생님께서 다시 태오를 안고 토닥토닥해주시면 태오가 자리에 잘 앉을 수 있을 것 같아요. 라고 했단다. 그래서 태오를 다시 꼭 안고 잠시 토닥여주셨다고 한다.

하원 할 때 태오의 마음을 이야기해 주어서 정말 고맙다고 선생님께서 아이에게로 몸을 깊이 기울이며 칭찬해주셨다. 살며 이렇게 좋은 선생님을 또 만날 수 있을까. 우리 태오의 다섯 살은 덕분에 축복이다.

우리
선생님

얼마 전부터 녀석은 더하기를 한다.

손가락을 헤아려가며 자꾸만 더하기 문제를 내기에 정말로 답을 알고 그러는 것일까. 몇 번 반복해 물어보았다. 모르는 사이에 우리 태오는 열 손가락 안의 숫자를 더하거나 빼서 말할 수 있게 되었구나. 오늘 깜짝 감탄했다.

그러더니 영 더하기 영은 무엇인 줄 아느냐 내게 묻는다. 글쎄, 무얼까. 그건 엄청 센 영이라고 한다. 일 더하기 일은 이지만 엑스이기도 하다며 검지와 검지를 겹쳐 내게 보인다. 그리고 사 더하기 사는 팔이지만 나비이기도 하다면서 엄지를 하나씩 접은 손을 붙여 네 개의 손가락을 나비처럼 팔랑팔랑거리며 웃었다.

아 너무 예쁜 우리 태오.

4 더하기
4는

천막으로 지붕을 만든 자리에 플라스틱 테이블이 세 개쯤 있고, 등이 없는 의자는 겹쳐 쌓아놓아서 얼마든지 탁탁 빼는 데로 앉을 수 있는 수가 늘어난다. 한사람쯤 들어가 복닥거릴 수 있는 작은 주방은 구둣방이나 붕어빵 마차 정도의 크기인데 거기에 큰 솥을 놓고 대게와 새우를 찐다. 그런 가게 여러 개가 다닥다닥 붙어 포구 길을 만들었다. 크기와 마릿수를 정해주면 계항에서 그대로 건져 쪄서 쟁반에 내어온다. 뜨거운데 어쩌나 싶은데 신기하게 주인은 장갑하나 끼고 뚝딱뚝딱 먹기 좋게 잘라준다.

괜한 멋으로, 밤바람 부는 천막 지붕 가게 플라스틱 의자에 앉아 찜찔름한 것에 소주를 먹어보고 싶었는데 오늘 드디어 해봤다. 소주는 나 말고 친정 아부지께서 드시는 모습을 구경하는 것으로 먹었다. 아부지는 술이 달다 하시며 대게 다리 몇 개에 소주 한 병을 잡수셨다. 포구 노전에 앉은 할머니는 반 가른 성게 속을 파내 종이컵에 모아 팔고 있었다. 작은 플라스틱 스푼 딱 고 머리에 담길 만큼 호록호록 떠먹는데 짜고도 달았다.

바다에서 나온 것은 도통 먹으려 하지 않는 재희가 할아버지가 껍질을 벗겨주는 데로 삶은 새우를 잘도 집어 먹었다. 입 짧고 안 먹는 것 많은 네 이모도 그렇게 하나씩 하나씩 맛을 배웠지.

다시 속초에 갔다. 우리가 좋아하는 사람 적고 이름 없는 아주 작은 해수욕장에서 친정 아부지는 무릎을 걷고 아이들과 놀아주시고 엄마와 나는 사위가 만들어준 작은 그늘에 나란히 앉아 그 모습을 구경했다.

다시 속초

내 발가락은 유난히 짧고 통통하다. 옛 남자친구는 처음으로 함께 갔던 바닷가에서 내 발가락을 보고 좀 무안할 정도로 깔깔 소리 내어 웃었다. 그 녀석들을 달고 걸어지기는 걸어지냐고. 내 손에 들고 있던 신을 얼른 뺏어 들고는 웃으며 멀리 도망을 가버렸다.

 예쁘라고 아니고 그 쪼꼬만 녀석들이 안타까운 마음으로 늘 깨끗하게 다듬어서 (사실 다듬는다는 말도 부끄러운 아주 작은 것) 입술에도 잘 안 바르는 분홍을 발라주곤 한다. 태오가 맡에 앉아 분홍 바르는 것을 구경하면서 예쁘다고 자꾸 칭찬을 해주었다. 그러더니 자기 발가락을 만지작거리며 제 발도 예쁘게 하고 싶단다. 그 모습이 하도 귀여워서 고 자그마한 엄지 두 개를 곱게 발라주었더니 엄마 따라 발을 가만가만 옮겨 앉으며 좋아한다. 어머님께서 둘째 아들은 딸 대신이라고 하셨는데 정말 그런가 보다.
 우리 하는 모양을 가만히 지켜보던 옛 남자친구가 세상 귀여운 것들. 하듯이 웃었다.

 * 발가락 덕분인지, 화가 이중섭이 그의 아내에게 쓴 연서에서 아내의 발가락을 두고 아스파라거스 군들 이라고 칭하며 따로 안부를 물었던 부분을 나는 각별히 좋아한다.

발가락

작은 집을 좋아한다. 작은 집의 작은 방과 작은 부엌을 좋아한다. 주인의 움직임 선에 맞추어 꾸려진 쓸모있는 살림과 가족들의 온도와 색을 닮은 아름다운 꾸밈들을.

오랜 시간 차곡차곡 모아온 스크랩북이 있다. 모두 집에 대한 것들인데 자세히 얘기하자면 집이 아니라 집안의 일들에 대한 스크랩북인지도 모르겠다. 통통하게 물이 오른 식물과 창가에 놓인 꽃병 노릇하게 구운 생선과 갓 지은 밥으로 꾸린 소박한 식탁과 잘 닦인 나무 바닥에 누워 노는 아이들 좋은 냄새가 날 것 같은 침대 위의 리넨보와 따뜻한 커피를 막 만들어내는 순간들. 자주 열어보면서 비우고 채우는 정성스런 과정을 거친 것이어서인지 모두 따로따로 모은 것이지만 그 색과 결이 닮았다.

문득 한 번씩 다른 사람보다 걸음이 뒤처진 것 같이 느껴질 때가 있다. 저마다의 삶의 가치를 비교할 수 없다는 것을 알면서도, 비교의 저울을 건드려 마음이 기우뚱거리는 날에는 뜨겁게 씻고 제일 좋아하는 늘어난 파자마를 입고 침대에 누워 노랑 스탠드 전등 아래 스크랩북을 펼쳐본다. 그 안의 작은 집들. 작은 방과 작은 부엌 잘 다듬어진 살림과 소박한 식탁을 보며 위로받는다. 그래 내가 좋아하는 것들은 이런 것이었지. 갖고 싶은 물건이 아니라 그 안의 삶. 반듯한 인테리어가 아니라 집을 채워나가는 일상 안의 온기를 동경하며 내일을 조금 더 예쁘게 살아내고 싶다는 설렘을 느낀다.

작은 집을 좋아합니다

180
소박하고 근사하게

재희는 요즘 학교 마치고 단짝과 거의 매일 놀이터에서 놀다가 온다. 어제는 일찍 돌아왔기에 물으니 안 그래도 단짝 아이가 놀자고 했는데 그냥 왔다는 거다.

　또 다른 한 친구는 우리 아파트 상가에 있는 학원을 다니는데, 언젠가 갑자기 비가 쏟아져 우산을 들고 재희 마중을 갔다가 그 아이가 비 맞는 것을 보고 재희와 같이 우산을 씌워 데려다준 일이 있어 기억한다. 몰랐는데 그 후로는 비가 안 와도 학원가는 요일이 되면 재희에게 같이 가줄 수 있느냐 묻곤 한 단다. 그러니까 어제가 그날이었던 모양이다. 놀이터에 가고 싶었지만 그 친구가 모처럼 부탁을 했는데 혼자 걸어가게 할 수 없었다고. 요즘 그 아이가 혼자 노는 일이 많다는 얘기도 전해 들었던 터라 그랬구나. 잘했네. 해놓고 잠깐 생각해보니, 그럼 단짝 아이에게는 잘 얘기했나 싶었다. 놀이터에 반 친구들이 많아서 괜찮을 거란다. 아 그래도 메시지 하나 보내주면 단짝 친구가 이해도 해주고 좀 덜 서운하지 않을까. 했더니 그러겠다. 했다.

　몰래 재희가 보낸 메시지를 열어 보았다. 누구야. 아까 같이 못 놀아서 미안. 그 친구가 너무 외로워보여서 그랬어. 내일 또 놀자. 그러자 그 단짝아이는 이렇게 답을 해왔다. ㅋㅋㅋ 재희가 메시지를 읽으며 혼자 낄낄 웃던 게 떠올랐다.

　얼마 전에 단짝 아이 엄마께서 재희같은 친구가 곁에 있어 정말 좋아요. 하고 메시지를 보내주셨는데, 서운한 것 금방 툭 털고 마주 보면 낄낄 개구쟁이처럼 웃게 만들어주는 그 아이가 재희단짝이어서 실은 내가 더 많이 고맙다.

단짝

유치원 벽에 내내 걸려있었던 재희의 그림.

졸업할 때 잔뜩 가져온 유치원 살림 속에 들어 있었을 텐데 꼼꼼히 보지 않고 쌓아두었다가 얼마 전에야 정리한다고 다시 열었다가 발견했다.

까만 밤하늘을 자세히 들여다보면 손톱으로 긁어 그린 별자리가 보인다. 그즈음 녀석의 손톱에 까맣게 끼어있던 크레파스 때들은 별자리였구나.

별자리들

작은 주방과 미닫이문으로 연결되어있는 우리 집 다용도실.

이 공간에는 붙박이 보조싱크가 붙어있었다. 그 채로 2년 정도를 지냈는데 창틀에서 비가 새는 일이 몇 번 일어난 후에 온도가 높을 때마다 눅눅한 냄새를 피워 결국 뜯어내 버렸다. 빗물이 들지 않게 안팎의 창틀을 잘 다듬는 공사를 하고 벽은 사용하기 편리하도록 타일로 바닥은 딱딱한 데코 장판을 깔아 마감했다.

주방 채소 선반은 처음에는 아이들이 작은 책과 장난감들을 넣어두던 책장이었다. 아이들에게 키 높은 책상이 생기고 방을 새로 만들어 주면서 쓸모가 줄어 모양을 뜯어 나무판 상태로 보관하고 있었다. 보조 싱크대를 대신할 가구를 열심히 찾아보았지만 마음에 쏙 드는 것이 없던 차에 베란다에 보관해 놓았던 이 나무들이 떠올랐다.

종이에 내가 원하는 가구 모양을 쓱쓱 그려 남편에게 보여주고 이렇게 만들어 달라 부탁했다. 감자 양파처럼 흙이 조금 묻은 것들을 올려두고 쓸 것이니, 아내가 쓱쓱 그리고 남편이 못 몇 개를 박아 뚝딱 만든 엉성한 자투리 나무 가구는 이대로도 훌륭했다. 칠이 덜된 부분이 드러났기에 새로 해볼까 싶었지만 남편은 칠이 없는 대로 멋스런 느낌이 나서 좋다고 했다. 이 가구를 만들어 쓴지도 어느새 3년째인데 여전히 정말 잘 쓰고 있다.

첫 칸에는 작은 종이봉투 모아놓은 것, 꽃 가위, 화분 받침 혹은 계절 따라 과일을 담아 놓곤 하는 오래된 그릇이 있다. 남편의 와사비 과자를 넣어놓는 통, 라면이나 팝콘처럼 봉지 음식들을 넣어 놓는 커다란 네

모 바구니도 첫 번째 칸의 살림. 문이나 커튼이 있어 가려두면 더 깔끔해 보일 것이다. 그렇대도 나는 여전히 보이는 수납이 좋다. 보이는 수납이라고 해서 먹고사는 살림에 예쁜 것만 둘 수는 없으니 대신 색이 비슷한 종이봉투나 바구니를 많이 사용한다. 그 위를 천이나 종이로 덮으면 미운 것이 가려지고 사용하기도 편리하다. 도톰한 종이봉투와 종이가방들은 버리지 않고 모아두었다가 상자를 접어 쓴다. 채소를 다 비우고 나면 그대로 접어 재활용 쓰레기로 버리면 되니 쓰임도 훌륭하다.

둘째 칸은 캔들과 달걀을 삶는 포트, 그리고 양파. 양파는 어느 집이나 그렇듯이 거의 떨어지지 않는 재료인데 냉장고에 보관하면 몸에 좋지 않은 성분이 나온다고 하니 실온에서 보관한다. 동그란 틴트레이에 담고 위를 얇은 천으로 덮어두면 오래 싱싱하게 잘 먹는다. 감자와 고구마 흙 당근 때때로 토란이나 연근처럼 실온에 두어야 하는 채소들은 종이봉투나 바구니에 넣어 이곳에 둔다.

제일 아래 칸은 쌀과 현미 귀리와 자주 먹는 잡곡들과 파스타의 자리다.

식탁에 앉아 일을 하다 보면 이 공간이 눈에 잘 들어온다.

식탁 자리도 소파 자리도 침실과 책상도 있지만 이 공간이 어쩐지 우리 집 삶의 공간 1번인 것 같다. 가족에게 따뜻한 밥을 지어 먹이려면 이 공간을 꼭 거쳐야 하기 때문에 그렇다.

다용도실
채소 선반

재희 학교에서 자신의 성장 과정을 알아보는 수업이 있었다. 선생님께서 아가 때부터 지금까지의 사진 중 가장 인상적인 것 세 장을 추려 가져오는 숙제를 내셨다. 사진을 찾아보려고 책장에서 재희의 앨범을 꺼냈다. 앨범 옆에서 재희 첫돌에 가족과 가까운 친구들이 재희에게 축복의 말들을 적어준 노트를 발견하고는 녀석에게 보여주었다. 한장 한장 넘어갈 때마다 코가 풀 먹는 토끼처럼 씰룩이다가 결국 앙앙 소리가 나는 울음으로 터지고 말았다.

다 울고 난 녀석이 "정말 감동적이야. 영화 같은 일이야."라고 말했다. 녀석의 갑작스런 울음도, 다 울고 난 녀석의 말도 너무 웃겨서 일 년 치 웃음을 다 웃었다. 웃으며 나도 함께 울었다.
너는 정말 많은 사람들의 사랑 안에서 크고 있단다.

내 아이를 낳아 기르는 일은 내 안의 덜 자란 아이를 함께 키우는 일이라는 말처럼, 나의 첫 보물 재희는 엄마 아빠를 함께 자라게 해주고 있다.
재희를 키우다 보면 문득문득 나의 어릴 적 닮은 상황들이 떠오르곤 했다. 많이 아팠던 것 상처가 되었던 말 긴장되었던 일이나 서러웠던 날들이. 그럴 때면 재희 옆에 어린 내가 함께 서 있는 것 같았다. 재희를 안아주고 따뜻한 말을 건넬 때 그 위로는 사실 그 옆의 어린 나에게 해주는 것이기도 했다. 그렇게 하나씩 치유해가며 재희와 나는 함께 천천히 자라고 있다. 첫 책 속의 꼬마는 어느새 일학년이 되었고 엄마도 일학년을 맞이하게 되었다.

  함께 자라나는 우리들의 일학년을 고운 종이에 담아 오래 추억할 수 있게 되어 기쁘고 영광스럽다.

우리들은
일학년

가만히 있으니 가마니로 보이나 보자 보자 하니 보자기로 보이나. K선생님과 된장찌개 백반을 사 먹으러 나가면서 주고받던 농이다. 한 명이 운을 떼면 나머지 한 명이 뒷말을 받았다. 큰소리로 이 말을 내뱉고 나면 신기하게 기분이 좀 나아졌었다. 나중에는 길게 말 않고 가마니 하면 보자기로 받으며 낄낄 웃었었다. 별별 이상한 사람 이상한 상황 이상한 말 하루라도 이상하지 않으면 이상한 날들이었다.

따라해 봐. 십 색 볼펜, 후라보노, 게시판, 개나리, 족구나 해. 가끔 바닥과 구별이 안 될 만큼 내 자신이 납작해진 것처럼 느껴지는 날이면 그걸 얼른 알아챈 K선생님이 이런 말도 가르쳐주었다. 그렇게 착하게 말하면 맛이 안 산다고 악센트를 잘 살리라며 나를 자꾸 웃겼다. 그러면 납작해졌던 내 몸에 웃음이 숨이 되어 살아났다.

K선생님은 주머니 속에 늘 사표를 가지고 다녔다. 노란 포스트잇에 연필로 쓱쓱 적은 사표. 얇고 길게 겹겹 접어 끈끈한 부분을 여며 주머니 속에 넣어두고는 드럽고 치사한 일이 있을 때마다 오늘은 이걸 내야겠어. 라고 말하며 콧김을 흥흥거렸다. 가끔은 힘들어하는 내게 이거 빌려줄까? 하고 내밀기도 했었는데 노란 포스트잇 사표는 우리에게 순간순간을 버티게 하는 유머 같은 것이었다.

보자 보자 하니 보자기. 가만가만 있으니 가마니. 오늘 그만 두겠습니다. 안녕히 계세요. 그 사표에는 그렇게 적혀있었다.

잠깐 실내화 바람으로 나서 찌개백반을 사 먹고 이천 원짜리 아이스 커피를 사 들고 걷는 것으로 툭툭 털어버리던 그 날들이 가끔 떠오르곤 한다. 누가 K선생님처럼 쿵쿵짝짝 같이 욕해줬으면 좋겠는 날. 시원하게 주고받고 낄낄낄 웃고 털었으면 좋겠다 싶은 그런 어떤 날에.

포스트잇
사표

오늘은 조금 일찍 저녁 찬을 하나 만들었다.

두부는 물기를 빼서 기름 넉넉한 팬에 들기름 한술 더해 쫀쫀하게 지진다. 그러면 재희가 부르지 않아도 옆에 와서 선다. 못생기게 터진 것이 있으면 그 자리에 서서 우리 둘이 나누어 먹는데 오늘은 다 이쁘게 되어서 재희가 아쉬워하기에, 접시를 꺼내 제일 이쁘고 노릇하게 부친 것으로 내어 줬더니 엄청 행복해했다.

지진 두부는 잠깐 덜어두고 그 팬에 다져놓은 양파와 파, 간 고기를 넣고 소금 간장 설탕 후추 고춧가루 양념을 해서 센 불에서 뻑뻑히 볶다가 미리 만들어 놓은 연한 멸치 육수를 부어 자작히 끓인다. 무쇠 냄비에 양파 채 썬 것 깔고 고기 양념 한 국자 올리고 그 위에 두부 올리고 또 고기 양념 또 두부 이렇게 켜켜로. 마지막 양념 국물까지 자작히 부어 뚜껑 닫고 약불에서 달인다. 찌개같이 국물도 있고 두부는 쫀쫀한 우리 집 고기 두부 조림.

집안에 들기름 냄새가 고소하다. 앞치마 벗어놓고 보니 열어 놓은 주방 창에 나뭇가지가 예쁘게 휘엉거렸다.

고기 두부 조림

고기 양념 두부 조림

○ **재료**

두부 한 모
식용유
들기름
소금
후추
고기양념(돼지고기 같은 것, 양파, 파, 미림,
고춧가루, 간장, 설탕, 소금, 후추, 멸치육수)

1. 두부를 도톰하게 썰어 키친타올을 깐 접시에 받쳐 위에 소금 후추를 살짝 뿌려둔다.
2. 키친타올로 두부를 살살 눌러가며 물기를 닦아낸다. (조금 귀찮아도 두부를 쫀쫀하게 부치는 방법)
3. 팬에 식용유가 3이라면 들기름 1을 부어 충분히 달구고 2의 두부를 올려 노릇노릇하게 굽는다. 자꾸 뒤집지 말고 팬을 기울여가며 기름이 두부에 골고루 닿게 지지근히. 잘 익은 두부는 접시에 잠깐 덜어 놓는다.
4. 그 팬에 그대로 다진 양파와 파를 넣고 볶는다. 양파가 투명해지면 돼지고기 같은 것을 넣고 미림 한술 후추 조금 둘러 달달달 볶는다. 고기에서 제 기름이 나오기 시작하면 고춧가루 크게 하나 설탕 조금 간장 두 개 넣고 중불에서 빽빽하게 볶다가 멸치 육수를 부어 자작히 끓인다. (육수 없으면 물 넣고 하면 된다.)
5. 무쇠 냄비에 양파 채썬 것 깔고 4의 고기 양념 올리고 그 위에 두부 올리고 또 고기 양념 얹고 다시 두부 이렇게 켜켜이 쌓는다. 마지막 양념까지 다 부어 뚜껑 닫고 약불에서 뭉근히 달인다. 다 익은 재료이니 잘 어우러질 정도로만 김을 올리면 된다.

• 뜨거운 밥과 함께 내면 다른 반찬이 필요 없다. 두부도 먹고 양념에 밥 비벼 먹는 맛이 정말 좋다. 양념이 넉넉하다면 두부 다 먹고 그 위에 삶아낸 칼국수 면을 넣고 비벼 먹어도 정말 맛있다. 어릴 때부터 먹던 음식인데 요즘 젊은이들에게 아주 유행한다는 바로 그 두부 두루치기 칼국수.

태오 등원을 시키다가 아파트 단지에서 재희 친구를 만났다. 재희 벌써 학교 갔어요? 묻기에 응 금방 갔는데 어쩌면 횡단보도에서 만날 수도 있겠다. 하고 지나쳤다. 마중을 나온 그 아이 엄마께서 웃으시기에 시선 끝을 따라가 보니 녀석이 바람처럼 달려가고 있었다.

누군가와 횡단보도에서 만나 다만 5분이라도 같이 걷고 싶어 바람처럼 달려본 적 언제이던가. 누군가 나를 향해 막 달려오는 모습을 본 것도 아주 오래된 것 같다. 아 재희가 너무 부럽네.

이번 주는 주간계획안이 안 와서 오늘도 점심만 먹고 오겠거니 하고 기다리고 있었다. 엄마 걱정할까 봐 재희가 엄마, 오늘 5교시야 하고 점심시간 끝자락에 메시지를 보내주었다. 날이 갈수록 더 든든하고 고마운 아이.

백 점 맞은 수학 시험지는 엄마가 되어 받으니 더 기분 좋은 것이었다. 점수보다 시험지 안의 아이 글씨가 감동적이다. 답 하나도 얼마나 예쁘게 공들였는지 꼭 프린트된 글자들 같다. 아직 엄마 아빠가 공부를 조금씩 들여다 봐주고 있다. 언제까지 온전히 엄마 아빠표로 봐줄 수 있을까, 어쩌면 올해가 마지막일 것 같다고 생각해왔는데 아이는 자꾸만 행복한 희망을 준다.

재희가 옆에 앉아 〈한밤중 달빛 식당〉을 읽고 쓰는 독서록에 '나쁜 기억을 되찾았지만 그래서 나는 내일 더 행복할 것 같다고 적는다.' 아이를 기르다 보면 하나부터 열을 다 가르쳐야 할 것 같아 답답할 때가 있는데 어쩌면 가르칠 것은 하나도 없을지도 모르겠다. 재희에게 나는 무엇을 어떻게 도와줄 수 있을까.

* 이분희 글/윤태규 그림, 『한밤중 달빛 식당』, 비룡소, 2018
　불편하고 힘든 기억을 없애주는 달빛식당을 우연히 만나게 된 주인공은 몇몇 일을 겪으며 혼란에 빠진다. 그러나 곧 나쁜 기억이 완전히 사라지는 것보다 그런 기억일지라도 소중하다는 것을 깨닫는다. 잘못한 기억이 아예 사라져버리는 것보다 잘못한 일에 반성하고 사과하는 편이 낫다는 것을, 사랑하는 이를 잃은 깊은 슬픔과 그리움 또한 간직하는 일이 더 행복한 것이었음을 알아간다.

재희는
일학년

블록으로 뭔가를 만들어놓고 뜬금없이, "얘는 바닷속에서 살아. 날개가 이만큼까지 열리고 플랑크톤을 먹고 사는데 폐가 작아서 여기를 건드리면 안 돼 알았지?" 한다. "응 알았어."

처음엔 하도 기발해서 열심히 들어주었는데 꽃 노래도 삼일이랬다.

"태오야. 엄마는 태오만 아는 상상 속 동물 얘기 말고 다른 얘기가 듣고 싶어." 하고 솔직하게 말했다. "다른 얘기는 어떤 건데?" "음, 태오가 좋아하는 것들 태오의 마음 그런 거." 내 말을 듣고 가만히 돌아가 블록을 가지고 노는데 녀석의 등이 어쩐지 시무룩해서 괜한 소리를 했구나 싶었다.

발이 아파서 깨금발로 서서 씻겠다고 칭얼거리는 잠투정씨에게 두 발로 잘 서서 씻고 나면 발꼬꼬를 해주기로 약속했다. 낮은 등을 켜고 침대에 눕혀 발을 매만져주니 얼마 안 되어 이미 잠이 곤한데 녀석이 이렇게 작게 중얼거린다.

"갑옷 공룡 또 박치기 공룡 브라키오사우르스 꼬기랑 밥 먹는 거 그리고 형아랑 노는 거 하고. 엄마. 엄마를 좋아해. 아빠도." 아직 설 자는가 싶어 발꼬꼬를 멈추고 얼굴을 가까이 내려다보는데 숨이 달고 곤하다.

태오야. 태오가 좋아하는 것들 엄마에게 말해주어서 정말 고마워.

태오가
좋아하는 것

몇 해 전부터 엄마는 취미로 작은 텃밭에 여러 작물들을 길러 식탁을 꾸리고 가족과 친구들에게 나누어주신다. 솎아도 신기하게 또 돋아나오는 야들야들 여린 봄 상추로 시작해서, 여름에는 옥수수 울퉁불퉁하고 잘은데 맛과 향이 두 배로 진한 방울토마토 태오 닮은 알감자 고구마 가지에 고추 애호박을. 가을 넘어서면 덜 여물고 못생겼어도 이 밭에서 나온 배추로 작은 사위 좋아하는 겉절이를 하고 아부지 좋아하는 알배추 쌈을 하고 제일 못생긴 겉대는 된장국을 끓여 먹었다. 배추 농사가 풍년이었던 해에는 그 배추를 뽑아다가 야물게 김장을 했다.

　주말이면 해가 따가운 날인데도 잡초를 뽑고 흙을 돋우느라 시간 가는 것도 모르고 녹초가 되어 돌아오는 모습을 종종 봐왔기에 집 떠나 있는 두 딸은 엄마 밭에 그만 가. 하는 말이 입에 붙어있고 아부지는 통화에 느네 엄마 또 밭에 가서 안 온다. 하고 이르는 것이 일상이지만.
　재작년 돌아가신 아픈 시부모를 서른다섯 해 모시고 지금껏 현역 워킹맘으로 살아온 엄마에게 이 작은 텃밭에서 보낸 혼자만의 시간이 얼마나 귀했는지 잘 안다. 시집간 두 딸은 감자에 고추 애호박이 담긴 엄마의 채소 상자 택배가 오면 현관 맡에 앉아 조금 울고, 아부지께서는 모종 사러 가자 하면 싫다 하면서도 새벽시장을 따라 나서주시곤 한다. 올해에도 내 밭에는 해바라기가 잔뜩 피었어. 하는 메시지와 함께 온 사진. 고마운 엄마의 텃밭.

　친정엄마의 해바라기 사랑은 무척 깊다.

생신에도 좋은 일이 있을 때에도 또 두 사위가 집에 첫인사를 올 때도 해바라기를 선물해드렸다. 끝도 없이 피어난 해바라기들이 햇살 속에서 금빛으로 일렁이던 영화의 장면을 잊지 못한다고, 그 이야기는 백번도 더 들은 엄마의 레퍼토리의 하나이다. 동생은 자기가 태어나기도 한참 전의 옛 영화를 찾아내 엄마께서 잊지 못한다 했던 장면을 그림에 담았다.

친정에 모처럼 들러 동생이 엄마께 선물한 해바라기 그림을 보는데 녀석에게 내가 더 고마운 생각이 들었다.

엄마의 텃밭과
해바라기

소박하고 근사하게

바다 앞 작고 귀여운 식당에서 맛있는 저녁을 먹었다. 길을 가다가 우연히 만난 식당이었다. 숙소에 짐을 내리고 와서 저녁 먹을 곳을 찾아보는 게 어떨까 고민하다가 들어선 것이었기에 행복의 운이라는 것이 있다면 그걸 오늘 쓴 것 같다. 그 시간 그곳이 아니었다면 이만큼 행복하지는 못했을 것 같다. 지는 해가 저녁 하늘에 노을 그리는 모습을 이렇게 오래 지켜볼 수 있었다는 것만으로. 매일 바다를 보지만 오늘은 노을이 유난히 아름다웠던 날이라며 식당 주인이 인사를 건넸다.

식사를 먼저 끝낸 재희와 태오가 벤치에 나란히 앉아 바다에 노을 그리는 것을 구경했고 남편과 나는 그런 재희와 태오를 바라보았다.
숙소로 돌아오는 짧은 길에 태오는 고단했던지 금세 곯아떨어졌다. "아까 우리 둘이 노을 볼 때 태오가 아아 오늘은 정말 즐거운 하루였어."라고 했어요. 라며 재희가 잠든 제 동생이 귀엽다는 듯 볼을 매만지며 이야기를 전한다.

제주에 와서 가장 좋았던 것이 무엇이었냐는 질문에 안 깜깜한 밤에 아빠랑 형아랑 바다에 돌 던지며 논 것이라던 태오. 유명한 관광지나 볼거리가 가득했던 장소를 정하고 돌아보며 즐거워했어도 아이들의 기억에 오래 남는 곳과 시간은 따로 있는 것 같다.

제주

인생에서 공룡에 대해 가장 많이 아는 나이는 5세. 그리고 슬하에 5세 아이를 두었을 때라는 글을 보고 나와 남편은 박장대소를 했다

아름다운 제주에까지 와서 공룡박물관을 찾은 부모들은 모두 똑같은 마음일 것이기에 눈만 마주쳐도 동지애가 느껴졌다. 하물며 고만한 남자아이를 데려온 일본인 부부가 실물 크기라는 브라키오사우르스를 먼저 발견하고는 아이에게 스고이!* 하고 외쳤을 때, 이것은 만국 공통인 감정이라는 것도 새삼 깨쳤다.

*스고이!: すごい 대단해! 굉장해!

공룡박물관

소박하고 근사하게

귀신의 집에 들어가려는 데 앞에 놓여있는 키재기 판에 서보니 아주 살짝, 아 그 1.5센티가 부족했다. 줄 서서 차례를 기다리는데 남편이 귀에 대고 태오야 저기 누나가 키 막대기를 가져오면 까치발을 살짝 들어. 했다.

　그러나 왜 그 노래도 있지 않나. 키 재는 누나는 이미 다 알고 계신대 누가 1.5센티 큰 앤지 안 큰 앤지.

　형아와 남편이 귀신의 집에 다녀올 동안 입이 뚜하게 나온 태오 마음을 달래주려고 아이스크림 가게에 갔다. 그러고도 한참 동안 녀석이 시무룩해서 귀신의 집에 못 들어간 것이 너무 속상했구나 싶었는데, 태오가 아이스크림을 반쯤 먹다가 엄마 나는 까치발 안 들고도 백십이 되고 싶어. 한다. 그럼 그럼 우리 태오는 이렇게 예쁘고 단단하게 쑥쑥 자라고 있단다. 미니 바이킹을 타는 태오에게 손을 흔들어주며 까치발 들으라고 시킨 남편은 나에게 복화술로 좀 혼났다.

110센티

루시드 폴은 알까. 일상의 냄새가 가장 짙어지는 저녁 시간의 주방 한 켠을 그의 목소리가 채우고 있다는 것을. 젊은 아낙들이 순두부 끓는 뚝배기 앞에 서서 나물 무치다가 순간순간 손을 멈추고, 너무 많은 이유라서 말할 수 없는 눈물을 훔친다는 것을.

진하게 탄 락스물에 키친 타올을 적셔서 떡시루 틈에 밀가루 반죽 여미듯이 싱크볼 틈에 붙여놓는다. 잠깐 그대로 두었다가 걷어내면 물때가 벗겨져 깨끗해진다. 큰 성과 높은 업적 힘든 꿈 말고. 당장 짜잔하고 이루어지는 개운하고 소박한 성취를 하고 싶었다.

설거지를 끝내고 냄비에 찬밥 한 주걱을 넣고 달가닥달가닥 그릇을 삶는다. 이렇게 하면 옅은 실금이 메워지고 더 단단해진다고 배웠다. 그 옆에 서서 따끈한 차를 우려 찬찬히 식혀가며 마신다. 좀 다독다독해야 할 일이 있는 날에는.

**너무 많은 이유라서
말할 수 없는**

205

가을

반개만큼의 고비를 넘고 시름 한개쯤을 덜었다고 해서 금방 기쁨에 닿기라도 한 듯 싹둑 잘라지는 감정이 어디 있을까. 다만 작게 생긴 틈에 잠깐 멈추어 쉬며 소박한 바람들을 품고 기분 좋은 상상을 한다. 그렇게 하고나면 신기하게도 또 걸을 힘이 생긴다.

나를 해치면서까지 너무 많이 이해하려고 하지 않을 것. 한 가지를 너무 오래 생각하지 않을 것. 이렇게 두 가지를 올해의 목표로 삼아보려고 한다.

돌아오는 계절
return season

우리 동네는 초중고가 열 걸음씩 사이를 두고 나란한 곳이어서 어느 시간에 나가든 (크고 작은) 아이들을 만난다. 이 엄동설한에도 맨다리에 반바지 체육복을 입고 괴성을 남발하며 끼들거리는 남중생들을 만나는 것은 정말 쉬운 일이다. 태권도복 홑자락을 날리며 차를 기다리는 재희 또래의 아이들을 보면 세상에 내 롱코트 자락 열어 감싸고 잠깐 같이 기다려주고 싶기도 하고, 얇은 살구색 스타킹에 하얀 다리를 겨우 의지해놓고 위만 차려입은 여학생들은 앞도 못 닫고 후드도 절대 안 쓰는 데 그게 참 애처롭다. 이른 아침 채 못 말려 닥닥 얼어붙은 긴 머리 사이로 공들여 눈 코 입 색을 다 발라놓은 여고생들을 보면 아이쿠 소리가 나오고 만다. 학교에 드라이기를 구비해주어야 할 것만 같다. 안 춥니. 하고 묻고 싶어지는 것은 정말 나이를 먹은 탓일까.

오전에 바로 차 탈 것만 생각해 목도리도 없이 나섰다가 뒷머리가 아찔하게 시려워서 집에 돌아오자마자 스카프를 두르고 뜨거운 차를 얼른 끓여 마셨다. 세상에 오늘은 추워도 정말 춥다.

오후에 나가 걷다 보니 아무리 철모르는 아이들이라도 오늘만큼은 저희들도 추운지 꽤 동동거렸다. 다가가 후드 씌워주고 목도리 새로 여며주고 싶었다.

반바지 체육복에 점퍼 앞자락을 다 열어놓고 맨손으로 쌩 자전거 바람을 날리며 달리던 남학생 코가 루돌프보다 더 빨갰는데, 저도 추운지 아! 하는 외마디가 너무 간절해 웃고 말았다.

그래, 요놈아 춥지!

옛날에 나 얇아빠진 가디건 자락에 맨다리 내놓고 나가 놀아 걱정시켰었지 미안해. 친정엄마께 전화 드려야 할 것 같다.

그래.
요놈아 춥지!

집안에 달콤한 버터 냄새가 퍼진다.
남편이 만들어준 프렌치토스트를 맛보던 12월 어느 토요일의 기록.

남편의
프렌치토스트

오후에 재희와 빵을 사러 갔었다. 빵 계산을 하고 나오려는데 갑자기 녀석이 장갑이 없다는 거다. 집을 나설 때 우리 둘 다 장갑을 챙겨 낀 것을 기억하고 있으니 벗은 기억을 떠올려보라 했다. 빵집에 들어서면서 얼른 벗어 외투 주머니에 넣었단다. 그런데 주머니를 휘저어 보아도 장갑은 없다. 가운데 빵을 올려놓는 큰 테이블을 두고 겨우 한 사람 다닐 정도의 폭으로 원을 한 바퀴 그리면 끝인 크지도 않은 빵집을 점원과 함께 세 바퀴나 돌았지만 장갑은 없었다. 어디 다른 곳에서 흘린 모양이라며 체념을 하고 가게를 나와 녀석과 걷는데 복슬복슬 귀여운 질감에 짙은 남색이 깔끔한 손가락 장갑이 아른거렸다. 태오와 재희 두 녀석 예쁘게 끼라고 똑같은 것을 사서 내가 선물한 것이었다. 녀석도 같은 생각을 하는지 무척 섭섭한 얼굴이다.

둘이 말없이 걷다가 문득 아까 빵집에서 녀석의 털모자가 벗겨지려고 해서 고쳐 쓰라고 얘기했던 것과 녀석이 모자를 쑥 벗었다가 나오기 전에 새로 쓴 찰나의 장면이 떠올랐다. 뒤처져 느릿느릿 걷는 녀석을 돌아보니 털모자의 윗부분이 유난히 불룩했다. 순간 횟집 아저씨가 뜰채로 물고기 건져내듯 녀석의 모자를 쑥 잡아 올려 착 엎었더니 글쎄 모자 속에 장갑이 너무나 얌전하게도 담겨있는 거다. 어리둥절해 하던 녀석이 그걸 보고는 아! 깨우침의 외마디를 외쳤다. 남은 길을 낄낄거리며 돌아와 사 온 빵을 맛있게 나누어 먹었다는 오늘의 일기.

빵과 장갑

친정엄마께서 자꾸 오이소박이 못해 보냈다고 오이 쌌는데 쌀 때 얼른 무치면 되는데 하고, 전화할 때마다 말씀하셔서 싼 오이 부추 반 단 쪽파 사다가 오늘 내가 담갔다. 이제 걱정 안 하시겠지.

할머니는 김치 담글 때마다 밀가루 말고 밥으로 풀 쑤라고 하셨다. 갑자기 그 생각이 나서 밥 몇 숟가락 푹 끓여 식혔다가 사과하나 양파 반 쪽 마늘 몇 쪽 같이 갈아 썼다. 하루만 익혔다가 냉장고에서 차게 만들어 식탁 위에는 그 모양대로 내고 아이들이 숟가락에 밥 가득 푸면 손가락 집게로 쪽쪽 찢어 올려주어야지.

겨우 오이소박이 하나 담그는데 여러 사람의 얼굴과 목소리와 시간들이 같이 담긴다.

오이소박이

나는 열심히 성실하게 자신의 삶을 지켜나가는 사람을 좋아한다. 좋은 생각을 하고 그것을 좋은 말로 표현할 줄 아는 사람을 좋아한다. 짧은 대화에도 진심이 느껴지는 사람을 만나면 그 마음의 단단함이 좋아 시간을 쪼개서라도 다시 보고 싶어진다.

나이를 막론하고 같은 말이라도 면박을 주듯 가르치고 조언하려는 사람을 만나면 피하고 싶다. 자기 생각에 취해 남을 함부로 평가하는 사람을 보면 거울을 비춰주고 싶어진다. 오만이라고 적힌 얼굴을 되돌려주고 싶다.

거울

아이들이 잠들면 남편과 침대에 나란히 누워 잠깐 숲길을 걷다가 잠든다. 소나무 숲 자작나무 길과 라벤더 마을. 때때로 숲에 비가 내리면 남편은 볼륨을 크게 키운다. 나뭇가지 사과 밀 토끼 가죽을 잘 모아 이렇게 저렇게 레서피에 넣어 숲 살림을 꾸린다. 도대체 무슨 소리인가 하면 바로 게임 이야기다.

　남편이 처음 이 모바일게임을 시작하자고 했을 때, 게임에 정말 취미가 없는 나는 대체 왜 이 귀한 시간을 낭비하는지 이해할 수 없었다. 하도 졸라대서 시작했는데 글쎄 거짓말처럼 정말로 숲을 걷고 있는 것 같은 느낌이 들 때 가 있다.
　숲길 위에 오두막집을 지었다. 나는 남편의 옆집에 산다. 이것도 정말 재미있다. 게임 안에서는 서로 대화를 나눌 수도, 숲에서 만날 수도 없는데. 어쩌다가 가끔 마을 안에서 지나쳐가는 것이 보이면 그게 그렇게 신기하고 반갑다.

　이 게임은 지도를 따라 알 수 없는 아주 긴 길을 걸어가야 하고 버킷리스트처럼 한 개씩 해결해가는 과제가 있는데 그 마지막이 반려자를 만드는 것이란다. 남편은 내게 또 결혼을 하자고 했다. 그런데 그게 참. 바보같이 또 설레는 거다.

　　　　　　　　　　　　　　　신인류의
　　　　　　　　　　　　　　사이버 러브

소박하고 근사하게

하원 차에서 내리면서 목을 빼고 내 두 손을 번갈아 바라보던 태오가 갑자기 잉잉 울기 시작했다. 엄마가 약속을 안 지켰다는 것이다. 도대체 무슨 약속이냐 했더니 유치원 차 내릴 때 킥보드 가지고 오라고 얘기했는데 엄마가 안 가져왔단다. 아무리 여러 번 되짚어 생각해보아도 그런 얘기를 나눈 기억이 없다. 내가 요즘 깜빡깜빡한다고 해도 이렇게 통으로 기억을 날려버리진 못하리 생각하니 서럽게도 우는 녀석을 달래며 나 역시도 억울해서 울고 싶은 심정이었다.

우리 유치원 버스는 창에 까만 코팅이 되어있어 안이 잘 들여다보이지 않는다. 차례대로 아이들 태우고 나면 아른아른 비추는 작은 그림자의 모양, 예컨대 옆 콧날이나 동그란 머리 모양 모자에 붙은 반짝이 같은 아주 작은 것으로 짐작해 우리 아이가 여기쯤 앉았겠거니 하고 손을 흔든다. 반대로 안에서는 밖이 잘 보일 테니 우리 엄마가 손 안 흔들면 서운할 거다. 그래서 엄마들은 매일 안 보여 어디 있지 하는 레퍼토리를 주고받으며 우선 그냥 열심히 손을 흔들어 차를 보낸다.

오늘은 태오가 창 바로 옆에 앉았다. 어스름 녀석 얼굴이 보여 반가워 손을 흔들어주었는데 아하 오늘에서야 그 비밀이 풀렸다. 녀석이 버스 안에서 나를 보며 또박또박 입 모양으로 무언가를 얘기한다. 다는 못 봤어도 킥보드를 확실히 읽었다. 그날도 그랬겠지. 엄마가 창밖에서 웃는 얼굴로 손을 흔들어주었으니 잘 알아들은 줄 알았겠구나.

킥보드

집 앞 고등학교가 일찍 파했다. 앞머리 클립을 동그랗게 말고 서툰 화장에 입술을 빨갛게 바른 여학생. 여학생 것으로 보이는 핑크색 담요를 꼭 끌어안고 그 옆을 졸졸 따르는 것은 남자친구겠지. 옆을 지나면서 들으니 여자아이가 한껏 귀엽게 뭐라 뭐라 짹짹거리고 남자아이가 그 소리 흉내 내며 짹짹 인다. 여자아이가 뭐야아 하며 덧니를 다 보이고 웃는데 남자아이는 새삼 귀여워 죽겠다는 듯이 따라 웃는다. 그래 앞머리 클립도 막 발린 립스틱도 덧니도 짹짹이 말투도 귀여워 보이면 그게 바로 사랑이란다.

그런데
시험은 잘 봤니

재희의 더벅머리가 눈을 가려 오늘은 꼭 머리를 깎여야지 했는데 오후부터 몸살 기운이 심해지고 도저히 나설 엄두가 안 났다. 빗방울이 좀 떨어지더니 더 축 늘어진 재희의 곱슬 머리카락이 삽살개 같아서 더는 안 되겠네, 문득 요 녀석 혼자 보내보면 어떨까 싶었다.

지폐 한 장 코트 주머니에 넣어주면서 "머리 자르러 왔어요. 이대로 깔끔히 다듬어주세요." 몇 가지 문장을 연습 시켜 보냈다.

우리 동네 골목의 가게들을 방문해 직업체험을 하고 주인께 사인을 받아오는 학교 숙제를 한 일이 있다. 김밥집에서는 김밥을 호일에 싸는 것, 꽃집에서는 꽃대를 잘라보았고, 커피가게에서는 마카롱을 포장하는 일을 체험해보고 사인을 받았다. 귀찮을 수도 있는 일인데 아이에게 친절하게 설명해주시고 작은 것이라도 체험해 볼 수 있도록 도와주시는 좋은 어른들이 있는 동네. 그때 미용실에서는 바닥에 떨어진 머리칼을 쓸어보고 사인과는 별도로 칭찬과 함께 사탕을 받았었다. 그 집에 보내는 것이라서 녀석도 별걱정 없이 나섰다.

혼자 보내는 났지만 괜히 마음이 두근두근해서 전화를 해볼까 하다가 꾹 참았는데 밤톨처럼 예쁘게 다듬고 거스름돈도 잘 받아 돌아왔다. 혼자서도 씩씩하게 잘 왔다며 진짜 형아가 되었다고 칭찬도 듬뿍 받았단다.

우리 재희 혼자 이발 한 날을 기록해두고 싶어서.

혼자
머리를 자른 날

친정 아부지께서 얼마 전에 카톡을 만드셨다.

그런 것 안 한다고 모른다고 하시더니 만들자마자 큰 사위 작은 사위에게 'ㅇ' 하나로 인사를 건네시고는 내게 매일 짧게 여러 가지를 물어보신다.

태오는?
재희?
밥은?
좀 어떠니?
같은 말들.

고놈 참.
이쁜 놈.
같은 답들.

그동안 궁금해도 잘 지내려니 하고 참으셨던가 보다.

ㅇ

화요일이다. 재희 세수를 도와주던 남편이 불러 가보니 얼굴이 좋지 않았다. 조금 어지럽다는 남편을 소파에 앉게 하고 아이들 씻겨 옷 입는 것을 봐주었다. 그러는 사이 남편의 얼굴은 하얗다 못해 연두색이 되어가고 있는데 증상은 어지러움 하나였다.

전날 저녁에 남편은 문어 한 마리가 통째로 들어 있는 해물찜을 포장해왔다. 물고추를 갈아 싱싱한 재료들을 푸짐하게 넣어 만든 정말 정성스러운 음식이어서 모처럼 얼마나 맛있게 먹었는지 배가 무척 부른 채로 잠이 들었다. 새벽에 태오가 무서운 꿈을 꾸었다며 침대로 와서 좀 좁고 불편했기에 나는 잠을 일찍 깼다. 남편이 맨몸동아리에 배수건 한 장 없이 선풍기를 맞는 것이 못마땅했는데 아침에 깨나서는 선풍기를 그것도 제일 센 크기로 틀어놓고 꼬닥꼬닥 졸고 있는 것을 보았다. 좀 급하게 먹는다 싶었는데 맨몸에 찬바람을 밤새 맞으며 잤으니 질깃한 해물들이 뱃속에서 다 살아났나 보다. 아무래도 체한 것이 틀림없다 싶었다.

알콜 솜과 침과 실을 꺼내오니 남편이 아이들 먼저 보내고. 라고 하기에. 대답 대신 등을 팡팡 두드리고 훑어내려 엄지를 실로 뚱뚱하게 휘감아 뽀족하게도 톡 눌러 따냈더니 세상에 새까만 피가 몽긋하게 부푼다. 태오가 엄마 왜 아빠 피 내요? 하고 묻는데 눈치가 있는 재희가 쉿 하고 동생 입을 다물린다. 조상님들의 지혜는 이토록 대단한 것. 금세 뭐에 꼭 졸라 매인 것처럼 연두색으로 질려있던 남편의 귀와 이마가 순식간에 붉어져 내려왔다. 두 아이 등교 등원시키고 돌아와 보니 그사이 남편의 안색이 많이 나아졌다. 매실차를 진하고 따끈하게 타서 마시게 하고는 회사에 반차를 내고 도로 눕혔다.

남편도 물론 놀랐겠지만 사실 내가 조금 놀랐다. 거의 아픈 일이 없는 사람이 갑작스럽게 아프면 더 그렇다. 이런데도 맨몸에 선풍기 찬 바람을 그렇게 쐬면서 자야겠느냐, 화를 낸 것이 아니라 아이들을 혼내듯이 다그쳤다. 한 끼는 쉬고 이제 좀 살만해진 남편이 국에 밥을 말아 먹으며 다그치는 나에게 헤헤 얄밉게도 웃어 보였다.

더위를 많이 타는 남편은 12달 중 2달은 조금 덥고 10달은 매우 더운 사람이다. 더위가 막 시작하려는 이 계절부터는 정신을 못 차리고 더워해서 옷도 입지 않고 얼음 팩을 끌어안은 채 전용 선풍기를 자기 쪽으로 고정시켜놓고서야 겨우 잠을 잔다. 추위를 많이 타는 나는 12달 중 10달은 춥고 2달은 매우 많이 견딜 수 없을 정도로 추운 사람이다. 나도 사람이니 여름이 안 더운 건 아니다. 낮 동안 움직여서 송골송골 땀을 내도 밤에 씻고 누우면 도로 추워져 한여름에도 얇은 이불을 꼭 끌어안고 잔다. 특히 겨울보다는 여름이, 낮보다는 한 침대를 나누어 누워 잠을 자야 하는 밤이 조금 더 힘들다.

우리는 서로의 온도를 이해하지 못한 채로 십 년째 살고 있고 그건 아마 영원히 그럴 것 같다. 그러나 뭐 어쩌겠는가. 연애를 할 때 남편은 그랬었다. 나는 겨울도 덥고 너는 겨울이 너무 추우니까 끌어안고 살 수 있으니 우리는 천생연분이야. 그 반만 맞고 반은 엉터리인 거짓말을 믿는 척하며 사는 수밖에.

서로의 온도

형아가 수학 공부를 할 때 태오가 안 듣는 척 슬금슬금 옆을 지나다니다가 형아 보다도 먼저 볶은 콩알 튀듯 답을 내놓기에, 요놈 봐라.

더하기빼기 그림책을 한 권 사주고는 재미로 풀어봐라 했다. 자기 공부 책이 생긴 것이 세상 행복한 이 녀석은 형아가 공부를 할 때 시키지 않아도 제 책을 가져와 색연필을 쥐고 앉았다.

놀이터에 열 명 친구가 있었는데 아홉 명 친구가 집에 갔대. 그럼 몇 명이 남았을까? 하고 남편이 저녁을 먹다가 슬쩍 물어본다. 그러자 태오가 속상한 얼굴을 하고 그런다. 놀이터에 있는 그 한 친구는 정말 심심하겠네.

감성 수학

체육대회 날이라고 얼마나 좋아했는지. 우리 태오가 제일 좋아하는 소불고기를 어젯밤에 재워놓았다가 물기 없이 바짝 볶아 다져서 꼭꼭 눌러 주먹밥하고 모두 다 좋아하는 유부초밥 양껏. 문어 소시지와 공룡 너겟 작은 마들렌과 청포도를 알알 가득 쌌다.

주먹을 꼭 쥐고 비장한 표정으로 달리기 출발선에 서 있을 때 엄마와 아빠는 마주 보고 어머, 우리 태오 일등 하겠다 했는데. 땅! 소리가 나자마자 인디언 보조개를 패고 흐흐하하하 웃음을 다 뿌리며 폴랑폴랑 달려오던 너. 그런데 엄마는 기특하고 예뻐서 눈물이 막 났다.

체육대회 날

이제 그만 녹색 어머니 깃발을 접고 들어가는 길이다. 종 치는 시간이 한참이 지났는데도 친구를 기다린다고 횡단보도 앞에 내내 서 있다가 친구 집 앞에 한번 가보겠다며 학교 반대 방향으로 가는 일학년 아이를 (뛰어가서 잡아다가) 교실 앞까지 데려다주었다.

　　세상에 모든 교과서가 다 들어있을 것만 같은 가방을 고 작은 어깨에 메고 우산과 실내화 가방을 바닥에 줄줄 끌며 흐물흐물 느릿느릿 걷는데 아무래도 오늘 학교에 가기 싫은 모양이다.

　　기다리는 친구를 못 만나 속상하겠다. 먼저 갔거나 무슨 사정이 있나 보다. 했더니 나를 빤히 바라보며 그런데 우린 엄마는 물을 자꾸 안 싸줘요. 하고 동문서답이 돌아온다. 그랬구나, 오늘은 정수기 물을 먹어야 겠네. 했더니 물 컵이 없잖아요. 한다. 선생님께 부탁하면 컵 하나 얻을 수 있지 않을까. 하니 고개가 시무룩했다. 뭐 따뜻한 말이라도 하나 해주고 싶었는데 무어라 해줘야 할지 잘 모르겠다. 잘 맞지 않는 말인 것 같지만 교실 문 앞에서 잘 다녀와. 라고 해주었다.

녹색 어머니

너를 잘 키우고 싶어서 아빠와 엄마는 밤에 이야기를 참 많이 해. 이야기를 하다가 같은 일을 두고도 생각이 달라서 종종 다투기도 해. 서로 자라온 시간을 되짚어가며 참 좋았던 일과 각인된 슬픔, 물려주고 싶지 않은 것과 꼭 해주고 싶은 일들에 대해서도 이야기해. 그러면서 위로를 하고 반성도 하고 새로 바로 잡으며 우리가 겪어온 많은 것들이 감사한 일이었구나 하고 생각해.

네가 무얼 꼭 잘하거나 앞으로 잘 해내는 것과 아무 상관 없이 네가 우리에게 왔다는 것만으로 이미 충분하다는 것을. 그 감사함이 너무나 당연해서 사소하게 잊는 순간이 오면 엄마 아빠는 서로를 얼른 깨우쳐 주기로 약속했어.

뭐 먹고 싶냐는 물음에 재희는 이틀 동안이나 고민한 끝에 갓 지은 솥밥에 엄마가 구워주는 소고기가 먹고 싶다고 했다. 언제부턴가 아이들과 남편의 생일을 맞으면 생일 전날 자정이 넘어 미리 미역국을 끓인다. 잘 불린 미역을 보드라워질 때까지 볶아 센 불에서 한소끔 끓이고 달달달이듯이 제일 작은 불로 옮겨 오래오래 둔다. 모두가 잠든 고요한 시간, 작은 불 하나가 켜진 주방에 서서 미역국을 달이는 일은 감사와 축하를 전하는 나만의 소중한 의식이 되었다.

여느 때처럼 오래 끓인 미역국에 갓 지은 하얀 솥 밥 부채살을 구워 생일상을 차렸다. 다 예쁜 중에 정말 예쁜 것으로 데려온 생일 꽃을 더했다. 생일날 좋아서 어쩔 줄을 몰라 하던 우리 재희.

2019년 너의 생일날.

재희에게 쓰는
편지

매화나무 앞에 할머니께서 지팡이를 짚고 섰다. 나이 든 아들과 며느리가 어머니 여기 보세요. 여기요 하며 사진을 찍는다. 벚은 아직이고 개나리도 덜 핀 쌀쌀한 봄인데 유독 매화 한그루가 붉게 예뻤다. 매화 앞에서 아이들 사진을 한 장 담아주려다가 마주한 장면이다.

친정 부모님께서 할머니 할아버지 모시고 동학사에 벚꽃 드라이브를 갔다던 그해 봄을 기억한다. 걸음이 어려워 차마 내려 볼 생각도 못 하고 차창 밖으로 꽃나무를 지나칠 뿐인데도 참 좋아하셨다고. 그리고 그 가을에 우리는 두 분과 영영 영이별을 했다. 꽃은 누구에게나 공평히 아름다운데 다만 시간이 그렇지를 못했다. 그렇다는 것을 깊은 슬픔을 맞이하고 나서야 아프게 깨닫는다.

아들과 며느리가 번갈아 가며 사진을 담으니 모두가 함께인 것이 없었다. 무슨 마음을 먹기도 전에 글쎄 내가 같이 한 장 찍으셔요. 하고 이미 말을 건네고 있었다. 할머니의 팔을 한쪽씩 다정히 나누어 잡은 사진을 여러 장 담아드리는데 할머니께서 자꾸만 나에게 이쁘다고 참 이쁘다고 하셨다. 아이들은 무궁화꽃이 피었습니다를 하며 뛰어놀고 나는 바닥에 떨어진 매화송이를 주웠다. 그 모습을 남편이 여러 장 담아주었다.

봄 매화

제비뽑기를 해서 내가 뽑은 친구에게 칭찬 도시락을 만들어 주는 시간을 가졌단다. 종이를 반으로 접어 한쪽에는 친구에게 보내는 칭찬의 말을 적고, 다른 한쪽에는 선물하고 싶은 물건이나 음식을 예쁘게 그려 전달하는 귀여운 행사였다.

재희가 적은 칭찬 도시락을 선생님께서 보시고 잘했다며 친구들에게 소개를 해주셔서 모두에게 박수를 받았다고 한다. 다른 반 선생님께도 보여주신다며 사진으로도 담아가셨다고 녀석의 어깨가 으쓱해서 돌아왔다. 무엇보다 칭찬을 받은 친구가 정말 좋아했다고 수업이 끝나고 친구들이 책상에 우루루 몰려와 서로 재희에게 칭찬을 받고 싶다고 한 것이 가장 좋았다고 했다. 대체 무어라고 칭찬 말을 적었는지 너무 궁금했다.

응. 그 애는 엄청 잘 웃거든. 누가 웃으면 다른 사람들도 기분이 좋아지고 행복해지잖아. 네가 잘 웃어서 우리 반이 행복해지는 것 같다고 행복하게 해주어서 고마워. 하고 적었지. 한다. 초밥과 햄버거 세트 과자를 잔뜩 올린 바닐라 파르페를 그려주었다고. 아아. 엄마도 우리 재희가 엄마 아이여서 정말 행복해. 행복하게 해주어서 고마워.

참, 재희는 너는 그림을 잘 그리고 볼이 참 귀여워. 하는 편지와 새우와 달걀을 올린 도시락 그림이 담긴 귀여운 칭찬 도시락을 받았다.

칭찬 도시락

장 봐서 집에 돌아가는 길인데 학교 중간놀이 시간이라 아이들이 쏟아져 나와 놀고 있었다. 혹시나 하고 손으로 망원경을 만들어 아이들 머리통을 헤아려보는데 아니 정말로 딱 거기에 우리 재희 동그란 뒤통수가 보이는 거다. 술래잡기의 업그레이드 버전인 좀비 술래잡기가 유행이라더니 느허느허 돌아다니는 좀비들 사이에 하도 밖에서 놀아 새까맣게 타고 말라 진짜 좀비마냥 꺼덜꺼덜 거리는 녀석이 우리 아들이네.

길 건너에 있지만 멈춰 서서 손을 반짝반짝 흔들어보았다. 이내 눈이 마주치고 녀석이 반가웠는지 막 뛰어왔다. 아니야 아니야 들어가. 소리쳐도 계속 기어이 교문 앞까지 뛰어왔다. 장바구니 안에서 초코파이 상자를 꺼내 보여주고 이따 집에서 만나자는 손짓을 하고는 헤어졌다.

집에 돌아온 녀석에게 아니 오지 말라니까 왜 그렇게 뛰어왔어? 하고 물었더니 엄마를 가까이에서 보고 싶어서였단다.

가까이에서
보고 싶어서

살얼음 진 주차장에서 미끄러져 발랑 넘어지는 꿈을 꿨는데 정말로도 몸이 꿈질해서 얼른 꿈이구나! 알아챘다. 그런데도 하도 선명해서 엉덩이가 괜찮은가 괜히 만져봤다. 남편 자는 얼굴에 대고 나 쭐땅 미끄러지는 꿈 꿨어. 했더니 눈도 안 뜨고 어어. 키 크겠네. 한다.

키 크겠네

234
:
소박하고 근사하게

그게 어떤 날이든 누워 쉴 밤은 반드시 온다. 참으로 감사할 일이다. 작은 조명까지 다 긋고 남편과 침대에 나란히 누워 참 힘들었지 참 고단했지 참 슬펐지 참 좋았지. 이야기를 나누며 쉴 수 있는 밤.

남편은 내게 살며 일희일비하지 말자. 라는 말을 자주 해준다. 무척 기쁜 일이 있어도 무척 힘든 일이 있어도 너무 들뜨거나 너무 가라앉지 않도록 중심 추처럼 나와 아이들을 잡아주는 사람. 그래도 사람이고 부모라서 기쁠 때는 어쩔 수 없이 너무 좋았었다. 오늘은 한순간 잘라내 넘어가고 싶은 날인데 그럴 수 없으니 해가 다 넘어가 방이 암흑이 될 때까지 침대에 멍하니 누웠었다. 이제 털고 일어나 반듯반듯 두부를 지진다. 우리 아이들과 남편 먹일 달걀찜을 달이고 국을 끓인다. 오늘의 누워 쉴 밤은 더 감사할 것 같다.

누워 쉴 밤

설기설기 글자 비슷한 것을 쓰게 되면서 태오가 엄마 아빠에게 첫 편지를 썼다. 엄마 책장에 살폿 올려 두고 간 편지 속에는 엄마 아빠 사랑해 태오가. 하고 적혀있었다. 글을 배우게 되면 가장 먼저 적고 싶은 말은 내 소중한 사람을 부르는 이름과 마음에 품고 있던 고백이지 않을까. 하고 생각했다.

감동적인 글 말미에 조금 미안하지만 태오가 내게 두 번째로 적어 준 것은, (내가 장을 볼 것들을 적어 나서는 것을 보고 흉내 내 이거 꼭 사다 주세요라고 내민 것.) 꼬북칩 콜라라고 적힌 메모지였다.

첫 편지

237 ⋮ 돌아오는 계절

238
∴ 소박하고 근사하게

놀이터에 달려 들어가며 누가 뭐라지도 않았는데 야아아 우리 형아 왔다아아 우리 형아 열 살이야아아아 하던 태오. 무언지 모르게 우쭐한 태오의 표정과 뭐든 정말 다 해 줄 것만 같은 든든한 재희의 어깨를 본다. (결국 동네 꼬마들과 다 놀아주는 우리 형아)

우리 형아 2

태오에게 누구나 혼자만의 시간이 필요한 거라고 얘기한 적이 있는데 그 말이 인상적이었던가 보다. 늦오후 저녁 짓기 전에 내가 잠깐 침대에 앉아 있으면 태오가 방문 앞에 서서 엄마 혹시 지금 혼자만의 시간이 필요해? 하고 물어본다. 어제는 장 보러 나설 때 집에 있겠다는 재희를 보며 형아도 혼자만의 시간이 필요한가부지 했다.

혼자만의
시간

241 ⋮ 돌아오는 계절

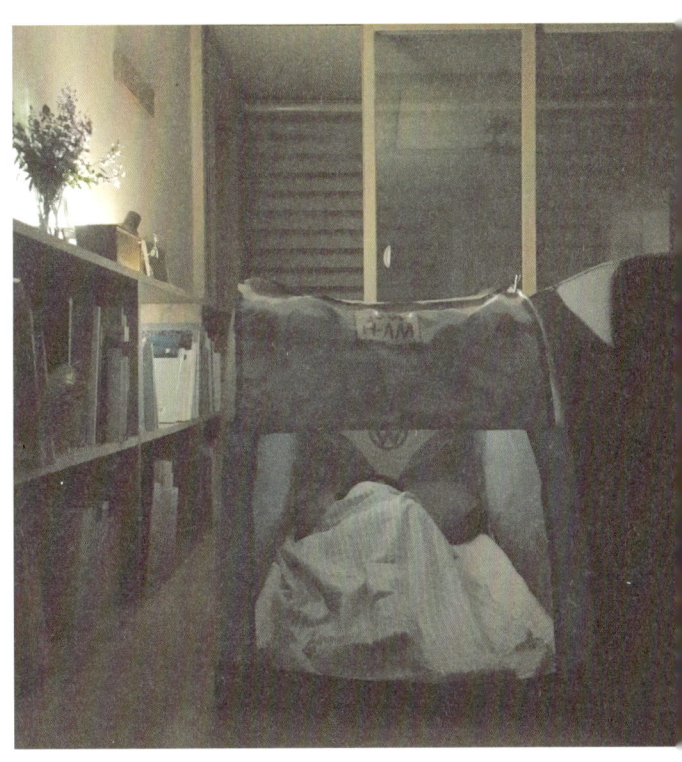

재희가 어느 날 10칸 노트의 네모 두 칸을 기준으로 작은 종이 가구를 만들어 내게 보여주었다. 이 가구들을 자유롭게 옮기고 배열할 수 있는 공간을 만들고 싶다고 했다. 무턱대고 만드는 것이 아니라 정확한 기준을 토대로 만들고 싶어 해서 재희가 한 것처럼 10칸 노트의 네모 한 칸을 같이 자로 재보았더니 똑 떨어지는 값이 안 나왔다.

학교에서 cm에 대해 배웠고 자 쓰는 법도 익혔다. 나누기는 아직 배우기 전이지만 곱셈을 제법 잘해서 시간을 조금 여유 있게 주면 짝을 맞춰 나누고 몫과 그 나머지를 낼 수 있으니 활용해보자 싶었다.

먼저 단단한 종이상자를 오려 판을 만들고 2cm씩 체스판 무늬를 그렸다. 연필로 그리고 그 위에 네임펜으로 확실한 선을 잡았는데 공간과 가구의 기준이었기에 더 공을 들였다. 재희는 상자가 가지고 있는 종이 색과 검정만 사용하고 싶어 해서 바닥의 색도 그렇게 결정했다. 갈색과 검정 물감을 묽게 섞어 한칸 한칸 정성스럽게도 칠했다.

우리들의 만들기는 지금까지 시작하면 그 자리에서 완성품을 만들어냈다. 짧은 시간 동안 만들다 보니 완성도가 떨어지고 다시 수정해서 가지고 노는 법이 별로 없어서, 만들기 바구니라 부르는 커다란 바구니에 쌓아두었다가 먼지 모자를 쓰고 있다가 버려지는 일이 잦았다. 제 딴에는 열심히 만든 것이라서 버리는 것이 매번 아쉽고 엄마는 누덕누덕(미안)한 상자들을 계속해서 쌓아둘 수만은 없어 버릴 것인가 말 것인가 눈치게임을 하곤 했다.

이번에는 천천히 하더라도 공을 들여 제대로 만들어보자고 약속했다. 한 번에 너무 많이 하려고 하면 지치고 말 테니 내킬 때 조금씩 나누어 했다. 체스판 무늬 바닥을 만드는 데 하루 치 시간을 썼고 조금 더 집중한 날 조금 덜 한 날이 있으니 다 완성되기까지는 일주일 정도가 걸린 것 같다. 폭 1cm를 기준으로 삼아 여러 가지 가구를 하나씩 하나씩 만들었다. 만들고 싶은 가구를 정하면 집에 있는 가구를 오래 관찰해서 어떻게 하면 입체로 구현해볼까를 고민했다.

　주사위와 상자 정도는 만들어 보았으니 어려운 일은 아니지만 폭과 가로세로 길이를 달리하고 잇닿는 면들이 무엇일지를 상상하느라 시간이 오래 걸렸다.

　센티를 정해 자로 반듯반듯 전개도를 그리고 여러 번 칼집을 내어 똑하고 떼어내는 순간 재희는 기분이 정말 좋다고 했다. 칼금을 살짝 그어 접고 이쑤시개에 목공용 풀을 얇게 발라 꼭 눌러 귀가 딱 들어맞는 가구가 만들어지면 녀석의 얼굴에 슬며시 미소가 지어졌다.

　소파는 가장 마지막에 만든 가구이다. 방법이야 어떻게 생각하느냐에 따라 열 가지가 더 나올 수 있지만 우리가 지금까지 한 것처럼 한붓 전개도로 완성되기를 바랐다. 둘이 가만히 앉아 우리 집 소파를 정말 한참 동안 노려보며 아이디어를 내고 나눴다. 먼저 이면지에 그려서 몇 개를 접어보고 나서 고민한 끝에 복잡한 전개도를 그렸다. 그렇게 가장 완성도 있는 가구가 만들어졌다.

　재희는 가구들을 이리저리 옮겨가며 제 머릿속에 상상했던 공간을 꾸려나갔다. 가구 배열이 끝나고 나니 침대 맡과 주방에 창을 낼 위치도 정해졌다. 침실에 TV를 달고 잠들 때까지 보고 싶다는 너무 귀여운 꿈. 어른이 되면 꼭 이렇게 하겠단다. 테이블에 앉아 그림을 그리고 책을 읽고 음식을 만들어 먹거나 피아노를 즐겨 치는 집주인이 사는 곳. 어른이 된 재희네 집에 놀러 가면 꼭 이런 모양일까. 어쩐지 내가 다 설레었다.

완성된 가구에는 네임펜으로 손잡이나 레인지 화구 피아노 건반 같은 디테일을 그려 넣었다. 천은 쓰기 싫고 천 느낌은 내고 싶어 해서 커피를 내리는 종이필터를 주었더니 그 속에 솜을 넣어 이불과 베개를 만들었다. 하루에 한두 개씩 시계와 액자 책 콘센트 러그. 작고도 귀여운 소품들을 꼬물꼬물 만들어 채웠다.

나도 무언가 재희에게 선물을 하고 싶어서 종이가방을 오려 작은 필통을 접고 이쑤시개를 자르고 깎아 연필을 만들어 주었더니 무척 좋아했다. 태오는 하나씩 가구와 소품이 늘어갈 때마다 얼른 알아차려 주어서 재희에게 큰 응원이 되었다. 침대에 누워있는 사람은 태오가 그려준 것. 집이 다 완성되었다고 했더니 그런데 사람이 없다면서 남은 종이에 쓱쓱 그려 내밀었다. 너무 잘 그린 데다가 크기도 딱 맞아 우리 모두 깜짝 놀랐다.

볕 좋던 날 하얀 침대보 위에 재희의 상자 집을 올려두고 이리저리 사진을 찍으며 재희와 같이 한참 동안 구경을 했다. 초기 사춘기 형아와 한 가지 주제에 대해 한 가지 마음만으로 낄낄 웃는 시간이 오래간만이었다. 서로를 기쁘게 해주려고 혹은 마음 상하지 않게 하려고 내키지 않는 것을 참고하거나 하고 싶은 말을 접은 채로 시간이 자꾸만 가는 것 같아 안타까웠다.

    이를테면 그 나이에 맞는 만화도 봐야겠지만 책도 더 읽었으면 싶고 코딩으로 게임을 만드는 것이 신기하고 기특하면서도 노트북 앞에만 앉아있는 것이 어쩐지 마땅찮았다. 녀석은 녀석대로 엄마 마음이 신경 쓰여 눈치 보는 일이 늘었다. 열 살이 되니 눈에 보이는 키를 키우는 것 말고 또렷했던 원색의 감정 위에 이름도 설명하기 어려운 마음의 색들이 한 가지씩 덧입혀지듯 자란다.

    매일매일 커가는 형아 재희와 이야기하는 법을 겨울방학 동안 상자 집을 만들며 배웠다. 꾸준히 그리고 천천히 해나가면 된다는 믿음도 얻었다.

    요즘 친구들이 놀러 오면 제일 먼저 이 상자 집 앞에 서서, 이건 어떻게 만들었냐. 질문을 쏟아내며 구경을 한다. 친구들도 시간과 정성을 알아봐 주어서 함부로 만지지 않고 소중하게 다루어준다. 그럴 때 재희 어깨가 으쓱한 것을 보았다. 스스로 충분히 노력한 사람만 알 수 있는 아주 귀한 기쁨을.

재희의 종이집

 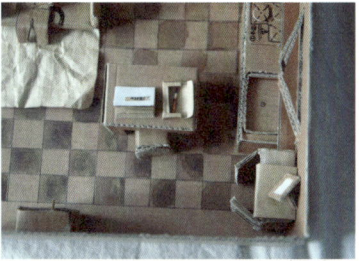

우유를 컵에 따르다가 바닥에 흘리고 말았다. 어쩐 일인지 너무 사소한 실수를 한 것이 속상했다. 에이 왜 그랬지. 꿀밤을 주듯 불콰한 혼잣말을 나에게 해버리고는 흘린 것을 닦는데,
　태오는 엄마한테 떨어뜨리기 요괴가 붙었나 봐요 괜찮아요.
　재희는 컵 떨어뜨리기 요괴가 아니니 얼마나 다행이에요 괜찮아요. 한다.

　이런 근사한 위로를 받으며 그래 우유 좀 흘리면 어때. 엄마도 실수 할 수 있지. 하는 마음이 되었다.

근사한
위로

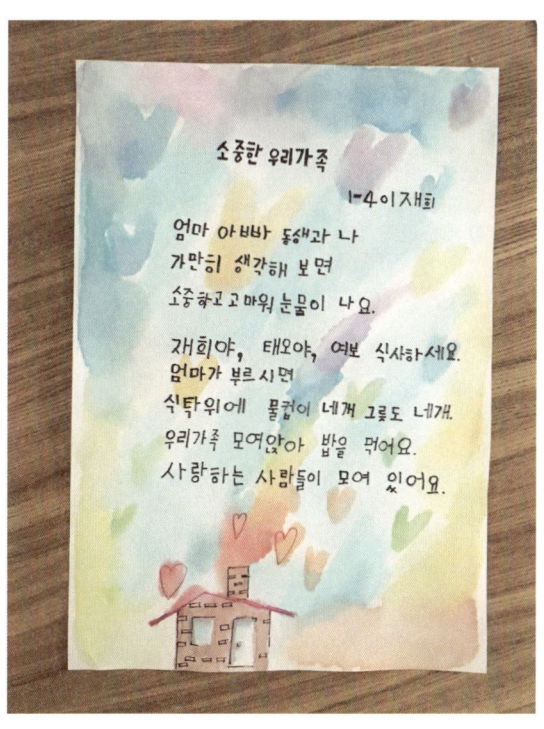

비가 종일 내리던 주말에는 식탁을 창가로 옮겨가서 놓았다. 라면을 끓이고 주전자를 달궈 커피를 마시고 책을 보고 음악도 들었다. 시원한 비를 맞으라고 창턱에 화분을 내어놓았다.

 라면 한 그릇을 맛있게 다 비운 아이들과 남편이 우산을 쓰고 산책을 간 동안 설거지를 하고 건조기에서 잘 마른 빨래를 꺼내 개켰다. 이렇게 비가 많이 오는데 산책을 가고 싶다는 재희를 나는 우선 말렸는데 남편이 그러자며 데리고 나섰다. 뜨거운 차 한 잔을 새로 우려 마실 즈음 남편이 동영상 메세지를 보내왔다. 메세지에는 놀이터에서 우산을 쓰고 폴짝폴짝 너무 신이 나 뛰고 있는 재희가 담겨있었다.
 돌아온 아이들의 옷은 쓰고 있던 우산이 무색하게 다 젖었다. 신을 벗어 거꾸로 들자 장화 높이 만큼의 빗물이 쏟아졌는데 그게 우습다며 아이들이 막 웃었다.

장마

태오가 너무 웃긴 말을 해서 최근 일 년 중 제일 크게 웃었다. 얼마나 웃긴지 설거지하다가도 피식하고 이를 닦다가도 떠올라 꺼이꺼이 웃었다. 이게 전염성이 있어서 내가 피식하면 멀리 앉아있던 재희가 피식하고 그걸 본 태오는 인디언 보조개를 쏙 넣고 히힝 거리며 이마를 긁었다.

퇴근한 남편은 이 얘기를 듣고 엉엉 울며 웃었다. 아 그런데 이게 너무 가족 개그라서 차마 쓸 수가 없네.

여름도 결국 끝인지 열어 놓은 창으로 산산한 바람이 불어왔다. 그러자 그냥 모든 것이 다 좋아졌다. 사람의 마음은 이토록 간사한 것.

너무 웃긴 말

그게 몇 번째의 만남이었는지는 잘 기억이 나지 않는다.

영화를 보고 밥을 먹었는지 밥을 먹고 영화를 보았는지 아니면 어느 한 가지만 했는지도 별 기억이 없다. 집을 앞에 두고 신호등에 멈춰있을 때 그저 조금 더 밖에 있고 싶다고 생각했던 것 같다. 내가 먼저 그렇게 말했더니 나를 집에 데려다주던 그 남자도 그렇다고 했다.

그 도시의 사람들에게는 공식처럼 떠올리는 드라이브 코스가 있다. 아주 조금만 멀리에 나가고 싶을 때 막힌 데 없는 휘휘 불어오는 바람을 맞고 싶을 때 누구나 그곳에 갔다. 삼사십 분쯤 구불구불한 이차선 산 도로를 타고 오르면 댐이 나타난다. 사철 언제나 입구에는 솜사탕과 핫도그를 파는 작은 포차가 있고 사람이 많지도 적지도 않게 적당한 곳이다.

주차장에 차를 두고 댐까지 잠깐 걸었다. 걷는 동안 나는 땀을 그렇게 많이 흘리는 남자를 처음 보았다. 여름이었고 뜨거웠던 낮이 채 식지 못한 저녁이었다. 그래도 간간이 바람이 불어 입고 있는 원피스 자락이 나풀댔는데. 그 사람의 머리 위에만 작은 먹구름이 쫓아다니며 비를 퍼붓는 만화의 장면처럼, 그 사람에게만 바람이 빗겨 불고 있는 게 아닐까 싶을 정도로 땀을 줄줄 흘려댔다.

한 가지 놓친 것은 그곳의 어마어마한 계단의 수였다. 오르는 것은 크게 문제가 될 것이 없는데 되돌아와 내리막 순서의 계단 앞에 서자 아차 싶었다. 나는 계단 내려가는 것에 꽤 큰 공포를 가진 사람이다. 친정엄마 말씀에 어릴 때 차마 손쓸 사이 없이 계단에서 때굴때굴 굴러떨어진 적이 몇 번 있단다. 정말로 그 일 때문인지는 모르지만, 학부 때 동아리 건

물 계단에서 두 번이나 미끄러져 엉덩방아를 찧고는 계단 공포는 더 심해졌다. 그렇다고 하나도 안 친한 그 남자에게 계단도 못 내려가는 약한 여자처럼 보이고 싶진 않았다. 씩씩하게 첫발을 내디뎠지만 높은 힐도 나풀거리는 긴 원피스 자락도 그사이 더 깜깜해진 조도도 무엇 하나 도움이 되는 것이 없었다. 아흔 아홉 개쯤 남아있는 계단을 내려다보다가 그날 나는 하나도 안 친하고 내가 본 이래로 땀을 가장 많이 흘려 등짝이 다 젖은 남자의 손을 처음으로 잡았다.

진지하게 만나보기로 약속한 첫 데이트 날. 약속한 듯 우리가 다시 찾은 곳은 처음으로 손을 잡은 그곳이었다. 그리고 행복하게 살았습니다. 하듯이 그 남자는 조금 후에 두 아이와 저녁 식탁에 함께 앉을 예정이다.

눕눕한 늦여름 저녁의 공기. 오늘 날씨가 꼭 그날 같아서.

오늘의
공기

늦저녁 산책을 하고 돌아오는 길에 소나기를 만났다. 아이들 손을 잡고 깜빡이기 시작하는 횡단보도를 뛰어 건너는데 왜인지 자꾸 끼룩끼룩 웃음이 났다. 가지를 뻗어 잎을 드리운 나무밑으로 들어가 우선 숨을 고른다. 긴장 속에서 하나 둘 셋 카운트를 하고 집 쪽으로 뛰기로 했는데 10살 녀석은 남편이 하나를 외치자마자 달려 나갔다. 남편은 둘 셋을 다 못한 것이 조금 분했는지 야! 했고. 나는 안 그래도 부실해서 뛰어놀다가 자주 무릎을 깨먹고 돌아오는 녀석의 샌들이 미끄러질까 봐 야! 했다. 야! 와 야! 사이를 녀석의 끼루룩거리는 웃음소리가 채웠다.

투둑투둑 떨어지는 굵다란 빗방울들에 녀석의 마른 어깨가 무늬를 내며 젖어 들어가는 것을 보았다. 내게 손을 꼭 잡힌 태오가 제 형아를 더 빠르게 못 쫓아가는 것이 속상해 자꾸만 재촉했다.

아. 잠깐인데 흠씬 젖어버렸네.

늦여름
산책

이야기는 2년 전으로 거슬러 간다.

재희가 학교에서 여자 친구들에게 유행한다는 자물쇠가 달린 비밀일기장을 보고 돌아와서는 그게 갖고 싶다고 했다. 딱딱한 양장본이고 자물쇠가 달려 작은 열쇠로 여닫을 수 있는 그런 일기장. 파는 것을 보게 되면 사주마. 하고는 얼마 안 지나 문구점에서 발견해 한 권 사주었다.

어느 저녁에 그날도 책상맡에 노란 스탠드를 켜고 앉아 뭔가 골똘하던 녀석이 저녁 짓고 있는 내게 와서, 엄마. 그냥 별거 없는 이야기인데 일기 같은 건데 그런 걸 써도 책이라고 할 수 있어요? 하고 물었다. 도마 칼질을 하며 어쩌면 건성으로 그럼 할 수 있지. 했는데 입술을 꾹 숨기고 다물며 볼조개를 옴폭 패는 (녀석이 진지할 때 짓는) 표정을 짓고는 다시 책상맡에 돌아가 앉았다. 녀석의 진지한 등 뒤로 짤랑짤랑 열쇠 소리를 들었던 것도 같다. 저녁을 짓고 있던 나는 곧 그 대화도 잊어버렸고 그런 채로 시간이 꽤 갔다.

그러던 어느 날 녀석들 방을 청소하다가 문득 그 생각이 떠올랐다. 비밀일기장 열쇠를 누구의 손도 안 닿게 보관하라고 여닫을 수 있는 나무 함 하나를 책상맡에 달아준 것도 나인데 함을 열어보니 아 열쇠가 얌전히 들어있네. 그러면 안 되는데. 그날 이후로 녀석이 비밀일기장에 적은 '특별하지 않지만 일기 같은 것이지만 책으로 짓고 싶은' 그 이야기가 무엇일까 갑자기 궁금해 견딜 수가 없었다. 집에 아무도 없는데 영락없는 도둑의 모양으로 사방을 둘러보다가 침을 꼴깍 삼키고는 녀석의 일기장의 자물쇠를 열었다.

'나는 파리에 살고 있다. 오늘도 에펠탑을 보러 갔다.'로 시작하는 녀석의 소설을 읽었다. 언제부터 이 녀석의 마음에 가본 적도 없는 먼 나라 이 도시가 자리 잡게 되었을까. 통의동 골목에 있었던 하얗고 예쁜 가게에서 어른 검지만 한 작은 에펠탑 모형을 사준 일이 있는데 책상맡에 두고 보고 또 보며 참 좋아했었다. 그게 시작이라면 시작이었을까. 그때 다짐을 했었다. 녀석에게 꼭 에펠탑을 보여주어야겠다고 꼭 파리에 데려가야겠다고 생각했다.

 부부로 함께한 10주년을 기념하는 여행이지만 우리의 첫 보물인 재희에게도 선물이 되었으면 하는 마음으로 여행지를 파리로 정했다. 마레의 작은 식당에서 저녁을 먹다가 녀석이 갑자기 이렇게 말했다. "엄마 나는 소원을 이뤘어요."

 * 이 글을 책에 실어야겠다고 생각한 오늘 나는 녀석에게 먼저 비밀을 고백하기로 마음먹었다.
  일기장을 몰래 읽어 미안했다고 우선 사과부터 해야지. 너무 떨린다.

어떤
소원

부부로 열 해를 함께 했다.

남편이 십 년에 한 번은 비행기 태워줄게 라고 (실은 나는 기억이 안 나는데) 내게 약속을 했던 모양이다. 반년도 더 전에 남편은 프랑스로 떠나는 비행기 표를 사놓았다. 남편은 출장이 잦아 그렇지 않지만 나는 신혼여행 다녀온 지 꼭 십 년 만에 여권을 갱신했다. 그러니까 신혼여행 말고 내게 첫 외국 여행인 셈이다.

참 촌스러운 사람. 집 좋아하고 움직이는 기계 타는 것도 싫어하는 사람 그게 나인데. 멀 것만 같던 여행의 날이 다가오자 나는 좀 겁이 났다고 고백한다. 이 여행은 선물이고 우리는 선물을 받아도 좋을 만큼 열심히 살았으니 감사하고 즐거운 마음으로 다녀오자 했다.

십 년이 시간 뜻처럼 정말 십 년 같았던가 돌이켜보면 이렇게나 지난 줄 몰랐는데 하고 머리를 긁적일 만큼 금방이었다. 두 아이를 낳아 키우고 살림 이만큼 꾸리는 동안 분명 힘들고 아픈 일도 벅차고 고단한 일도 있었을 텐데 돌이켜보면 어떤 것이든 다 괜찮았다. 힘들고 아픈 것은 같이 보듬었기에 견딜 만했다. 벅찰 때는 짐을 나누었고 많이 고단할 때는 등에 어깨에 마음에 서로 파스를 붙여주다가 그 꼴마저 우습다며 낄낄거렸다. 그렇게 웃고 나면 또 버틸만했다. 좋은 것은 같이 여서 더 좋았고 맛있는 것도 같이 먹어 더 맛있었다. 또 열심히 살다 보면 어느 날 문득 십 년이 다시 갔구나. 할까.

다음 십 년도 또 그다음 십 년도 제일 친한 친구로 오래오래 잘 지냈으면 좋겠다.

프랑스 노르망디 섬, 몽생미셸에서.
2019년 6월

부부의
십 주년

숫기도 없고 애교도 없는 사위는 안녕하세요. 저 왔습니다. 하고 나면 할 말도 더 없었다. 할무니는 소파에 앉은 손녀사위를 한참 바라보다가 너무 큰 혼잣말로 저이는 꿀을 먹었는가. 하시더니 식탁을 치우러 곁에 온 내 어깨를 끌어당겼다.

저이가 잘해주냐. 너 이뻐해 주냐?

내가 뭘 그런 것을 묻는가 웃고 말았더니 너무 진지하게 같은 말을 되물었다. 너랑 둘이랑 있으면 말은 좀 하는가. 도 덧붙었다.

시간이 지나 재희가 태어났다. 손녀사위는 사실 아가를 안아주거나 달래주는 것을 잘 못 했다. 익숙지 않아서였기도 하지만 그보다는 어른들 앞에서 아가를 예뻐해 주는 것이 어쩐지 쑥스러웠던 모양이었다. 할무니는 과일접시를 들고 온 나를 또 기울여

저이가 아가를 이뻐하는가. 집에서는 많이 안아주고 그러나? 하고 물었다.

그렇다고 했는데도 같은 것을 두 번 세 번 다시 물었다.

그러면 됐다고.
그러면 된 거라고.
하고는 낮잠에 드셨다.

할무니가 젊고 건강했을 때는 동네까지 소문이 자자한 시집살이로, 편찮으신 동안에는 간병과 감정 살이로 엄마를 너무 힘들게 했다. 살갑고 정 있는 사람도 아니었고 말도 아주 밉게 했다. 사랑 주는 법도 잘 모

르는 사람이 우리 할무니다. 나는 할무니 손녀보다 우리 엄마의 딸이 먼저라서. 나는 엄마 딸이라서 할무니가 너무 미웠다. 그런데도 할무니는 내가 서울로 시집가고 매일 하루에 열 번도 넘게 전화를 걸었다. 정말 받기 싫어서 안 받고 또 안 받았다. 나중에 아부지께서 내게 전화를 걸어 좀 받아드려라 하신 후에야 내가 전화를 안 받으면 우리 엄마가 또 힘들구나 싶어 열 통 중 딱 한 번만 받았다.

저이는 꿀을 먹었나. 는 할무니가 내게 한 첫 농담이었다. 그날 처음으로 할무니 앞에서 깔깔 소리 내 웃었다. 말도 안 되는 그 질문 몇이 할무니가 내게 했던 말 중에 가장 솔직하고 뜨뜻한 말이었다. 그 안에 손녀가 첫아이를 낳을 때까지 표현할 줄 몰랐던 사랑이 들어있었다는 것을. 돌아가신 지 4년이 지나 아무 날도 아닌 오늘에서야 문득 깨닫는다.

오랜 미움은 깊은 그리움이 될 수도 있다는 것을 문득.

저이는
꿀을 먹었는가

언제부턴가 책을 빨리 읽는다.

두 아이 키우는 동안 밥을 먹는 속도도 무척 빨라졌는데 언제 어떤 일이 있을지 모르니 짬이 났을 때 얼른 해버려야 한다는 강박이 자리 잡은 것 같다. 책 읽는 속도가 빨라진 것도 비슷한 맥락인데 그렇게 읽으니 권수는 늘어날지 몰라도 자연스럽게 건성건성 넘어가는 부분이 생겼다.

요즘 들어 내 그런 모습을 재희가 따라가는 것 같다는 생각이 들었다. 분명 읽었다고 했는데 엄마는 이런 부분이 좋더라 하는 말에 그런 부분이 있어? 하고 엉뚱하게 답하는 녀석을 보고 만 것. 다시 찬찬히 정독하는 습관을 기르고 싶어졌다.

재희에게 책 한 권을 고르게 하고 시간을 충분히 들여 읽고 이야기를 나누는 시간을 가졌다. 남편도 기꺼이 함께해주었는데 한 가지 사건을 두고도 저마다 해석이 다른 것이 너무 재미있었다. 앞으로도 종종 이렇게 해보기로 약속했다. 그렇게 약속만 했는데도 신기하게 재희가 책 한 권에 쏟는 시간이 다시 길어졌다.

어떻게 키울 것인가를 고민할 때마다 나는 어떤 사람이고 어떻게 살고 있는가를 자꾸만 돌아보게 된다.

정독

선물할 일 있어 꽃집에 들렀더니 꽃집 언니께서 남편분 이따 오실 것 같은데요. 하신다. 오늘은 로즈데이였다. 아마 요즘 너무 바빠서 잊었을 거예요. 대답해놓고도. 혹시요. 즈희 남편이 오면요. 그럼 언니 이 어여쁜 코랄 장미 권해주세요. 살폿 이야기해두었다.

오시나 안 오시나 궁금했다면서 뭐 달라 말도 꺼내기 전에 남편 손에 들려주었다는 코랄 장미. 한 송이는 꽃집 언니가 덤으로 더 넣으셨더란다.

로즈데이의 일

일요일에는 컨디션이 너무 좋지 않았다. 늦잠을 자고 일어나 점심 같은 아침을 겨우 꾸려 식구들을 먹이고는 다시 누웠다. 조용히 좀 해라 하면 뛰고 뛰지 말거라 하면 무얼 하는지 잠잠하다가 자꾸만 다투는 소리로 작은 집이 부산했다. 혼내고 혼나는 것이 싫었던지 남편이 아이들 얼러 데리고 공원에 나갔다.

밤부터 두통새가 머리를 닥닥 쪼았다. 안 그래도 아이들 노는 소리가 거슬려서 좀 조용히 해줬으면 좋겠다 싶었지만 그러는 와중에도 설핏 잠이 들었을 때 삡삡 현관문 닫히는 소리와 함께 남편과 아이들의 말소리가 멀어지니 이상하게도 외롭다는 생각이 밀려들어 왔다.

한 시간쯤 뒤척였을 때 남편이 간단히 먹을 것을 사 들고 아이들과 돌아왔다. 고단했던지 아이들은 소파에 지그재그 누워 곤히 낮잠이 들었고 남편은 일인용 소파에 기대앉아 틀어놓은 재방송을 다 못 보고 코를 골았다. 티비를 끄고 아이들에게 얇은 것을 하나 덮어주고는 방에 들어왔다. 더는 잠이 오지 않지만 누워있는 편이 좋아서 그렇게 했다.

러그를 깔아놓은 작은 거실에는 전보다 먼지가 더 버석거린다. 가위밥과 지우개 가루를 잔뜩 만들어놓은 아이들 책상 밑도 못 견디겠어서. (그보다는 조금 살만해진 것이겠지.) 늦저녁이 다 되어서 간단히 청소를 하고 세탁기를 돌렸다. 늦 오후에 딱 한 바구니 세탁기를 돌려 집안에 널어두면 좋은 습도 속에서 잠을 잘 수 있다. 어느새 그 계절이다.

월요일이 되고 세 사람이 떠나고 곧 혼자가 되면 집안에서 가장 하기 싫은 일을 해치워버리는 이상한 습관이 있다. 남편은 신을 꿰면서 오늘 집안일 좀 적당히 해. 라는 짧지만 단호한 문장을 현관 맡에 남기고 떠난다. 집안일이든 마음의 일이든 남편이 말하는 '적당히와 적당하지 않은 것'의 경계를 알아차리고 얼른 손을 뗄 수 있다면 나는 조금 덜 앓고 살 수 있을까.

어쨌거나 오늘은 그 월요일이니 며칠을 못 본 척 참고 있던 욕실을 닦았다. 물기가 잘 말라 바삭바삭한 타일 바닥과 엷게 락스 냄새가 나는 욕실을 나는 정말 좋아한다. 좋아하는 만큼 그 공간을 유지하는 것이 나는 때때로 괴롭다. 그러니 좋아하는 것이면서 가장 하기 싫은 일이자 남편이 말하는 적당하지 않은 그 어디 즈음의 노동이겠다. 이제 다 닦아냈으니 다시 괴로워지기 전까지를 즐기기만 하면 된다.

놀이터에서 만난 이웃 언니가 그랬다. 둘째에게는 늘 형 것을 물려주었는데 어느 날에는 자기도 새것이 사고 싶다고 백화점에 가겠다고 했더란다. 신발 가게에서 그것도 제일 비싼 것을 골라 들고 이것이 제 것이라고 조르던 둘째에게 차선을 설득하는 것 자체가 불가능한 것이더라고. 그 비싼 신을 사 신기고 문득 고개를 들었을 때 쇼핑백을 두서너 개씩 척척 손목에 걸치고 행복해하는 군중 속에서 어쩐지 자기만 가난한 것 같은 마음이 들더란다.

집이 없어 차가 없어 먹질 못해 여행을 못 가라고 한다면 감히 가난이라는 단어를 꺼낸 것이 부끄럽지만 나는 그 말이 어쩐지 너무 와닿아 같이 고개를 끄덕였다.

여름 방학이 길어져 겨울방학이 뒤로 한참을 더 간다. 해가 바뀌어도 여전히 학교를 가야 한다고 생각하니 시베리아보다도 춥다고 예고되어 있는 올겨울 우리 재희 좋은 외투 하나 해주고 싶은데. 검색을 하면 할수록 미궁이다. 계절이 돌아오면 다시 못 입힐 만큼 막 자라나는 아이들에게 이 정도 가격의 옷을 사주는 것이 옳은가 하다가도. 수두룩 적혀 있는 리뷰를 읽다 보면 이 수많은 사람들이 다 사주는 걸 나는 왜 턱 하니 못 사입히나. 어쩐지 나만 가난한 것 같은 마음이 들었다.

이미 커피 두 잔을 마셨는데 한 잔 더 마셔야 할 것 같네. 빌 에반스 트리오의 데니보이를 열 번쯤 들었다.

사는 일

269 돌아오는 계절

날이 쌀쌀해지면 튀김할 맛이 난다. 찬거리가 없어 미역국에 넣는 닭 안심과 카레하고 남은 돼지고기로 두 가지 튀김을 했다. 양파와 마늘을 갈아 넣고 쯔유로 심심한 간을 해서 잠시 재웠다가 두 번 튀긴다.

튀기는 옆에 아이들이 기차처럼 줄을 서서 받아먹는다. 우리 집에 아이는 둘뿐인데 줄이 끝나질 않아서 결국 엄청 크게 웃어버렸다.

내 마음대로
고기튀김

내 마음대로 고기튀김

◦ **재료**

닭 안심
카레용 돼지고기
양파 반쪽
마늘 다섯 알
쯔유
소금
후추
튀김가루
식용유

1. 닭 안심은 먹기 좋은 크기로 잘라 볼에 담는다. 돼지고기도 따로 볼에 담는다.
2. 양파 반쪽 마늘 다섯 알 맛술 하나 쯔유 두 큰 술을 믹서로 넣고 잘 갈아준다.
3. 2를 각각의 고기 볼에 나누어 담고 소금 후추로 간을 더해 주물러 잠시 재워둔다.
4. 튀김가루에 차가운 물을 조금씩 젓가락으로 섞어 튀김옷을 만든다. 너무 휘젓지 않는 것이 바삭함의 포인트. 차가운 물 대신 갓 딴 맥주를 넣으면 튀김옷이 더 바삭해진다.
5. 깊은 팬에 기름을 넉넉히 두르고 온도가 오르기를 기다린다. 튀김옷을 한 방울 떨궈 튀김옷이 올라오면 딱 좋은 온도다.
6. 3을 4에 넣어 옷을 얄팍하게 입혀 가며 노릇노릇 두 번 튀겨낸다.
처음에는 너무 세지 않은 불에서 속까지 익힌다는 생각으로. 튀김이 떠오르면 냅킨을 받친 채에 건져놓았다가 조금 더 센 불에서 한 번 더 노릇하게 튀겨낸다.
7. 냅킨을 두른 접시에 담고 레몬 한쪽을 곁들여 낸다.

• 그렇지만 튀김은 역시 튀기는 그 자리에서 먹는 것이 최고. 튀김옷을 만들고 남은 맥주와 함께.

간단히 장을 봐 집으로 돌아가던 길이다. 고등학교 담벼락 옆에 학생이 하나 섰는데 하교 시간이 아닌 데다가 윗도리를 두터이 겹쳐 입고 아래는 체육복 바지를 갈아입고는 어마어마한 부피의 책가방을 짊어진 채여서 눈이 갔다. 짧은 횡단보도 앞을 서성이며 시선이 내내 길 끝에 머무는 것을 보니 누군가가 나타나기를 기다리는 모양인데 안색이 좋지 않았다. 지나쳐 걸어가는데 뒤에서 저기요. 하고 부르기에 돌아보니 그 학생이 전화기를 좀 빌려줄 수 있느냐 내 걸음을 따라 뛰어온 것이었다.

신호가 다 가도록 연결이 안 되어 전화기를 돌려주기에, 혹 이 번호로 전화가 오면 여기에 서 있다고 말해주겠다고 하니 감사하다고 인사를 했다. 아픈 것과 무언지 모를 서러운 감정이 터져 나왔는지 눈에 눈물이 글썽했다.

집에 돌아올 때까지도 전화는 안 왔고, 장 본 것들 정리하고 밥 지어 먹고 아이들과 소소히 지내다가 잊어버렸다. 늦저녁이 다 되어 보니 '우리 딸에게 전화기를 빌려주셔서 감사합니다.' 하고 메시지가 와있었다. 아 다행이다. 잘 만났구나. 연락 주셔서 감사하다는 답을 보냈다.

전화기 하나 선뜻 빌리기 어렵고 위험한 세상이다. 언제든 그 아이가 우리 아이가 될 수 있다는 생각을 한다. 좋은 어른이 되고 싶다는 오랜 다짐을 새로 다시 한 날.

우리 딸에게
전화기를 빌려주어 감사합니다

열을 세며 집 안을 다 걸어도 그 숫자가 넘지 않을 만큼 작았던 우리의 첫 집. 나는 좁은 골목길과 마주 보이는 방의 나무창과, 두 쪽짜리 싱크대 위 아주 작은 창을 마주 열어 놓는 것을 좋아했다. 그 창으로 불어오는 바람을 맞으며 읽던 책을 고여 놓고 이따금씩 잼 졸이는 냄비 바닥을 긁다가 다시 돌아와 앉곤 했다.

그 집에서의 젊은 여름과 가을까지, 나는 트럼펫 연주를 들었다. cd나 라디오의 소리가 아니었다. 맞바람이 들어오도록 열어둔 그 창, 창밖에서 들려오는 진짜 연주 소리였다. 한 번도 그 소리의 주인공을 본 적이 없다. 여자인지 남자인지 아이인지 어른인지도 키가 큰지 작은지도 그래서 아는 바가 없다. 당연한 말이지만 소리가 날 때 이 소리가 도대체 어디에서 들려오는 것일까, 창밖을 열심히 바라보지 않은 것은 아니다. 그렇더라도 골목길 한가운데에 서서 부는 것이 아닌 한은 작은 빌라들이 오밀 오밀 붙어있는 곳에서 소리의 주인을 찾아내기는 어려운 일이었다. 내 시야가 닿는 곳보다 더 높은 어디 옥탑방이 아니라면 안이 잘 들여다 보이지 않는 집안의 작은 창가 일지도.

트럼펫 연주자의 연습 시간은 꽤 일정했다. 내가 그 작은 집의 청소를 시작하는 아침 시간과 늦은 점심을 차릴 즈음 그리고 잠깐 졸고 싶은 마음을 이기려고 자꾸만 잼을 졸이고 콩자반을 볶던 오후. 이렇게 세 번이다. 연주곡은 애국가 한 가지였다.

애국가는 참 아름다운 곡이다. 애국가의 가사는 우리에게 엄마 아빠 구구단 같은 것인지라 그러지 않으려고 해도 멜로디를 들으면 절로 읊조려지기 마련이건만 이 트럼펫 연주는 그 가사가 떠올려지지 않을 만큼 그 자체로 충만하고 아름다웠다. 아름다운 줄 실은 몰랐는데 들을수록 아름답구나 하고 생각하게 되었다는 말이 더 맞다. 완곡을 연주하는 날도 더러 있었지만 대부분은 앞부분만 몇 번 반복하다가 연습을 맺곤 해서 그럴 때는 아쉬운 마음이 들었다.

 오늘 좋은 분과 이야기를 나누다가 우연히 트럼펫 연주 추천을 받았다. 아이들을 재우고 메일 보낼 것이 있어 노트북을 켜고 앉아 추천해주신 연주를 열어보았다. 낮에 이야기를 나누면서도 내게는 트럼펫은 아직 조금 낯설고 신비한 것이라는 느낌이 있었는데 연주를 듣다 보니 거짓말처럼 그해의 여름과 가을이 떠올랐다. 기분 좋게 머리를 날리던 맞바람과 조금 심심하고 지루할 만큼 평안한 날들이. 졸아드는 포도잼 냄새 같은 것들이.

 그 골목의 트럼펫 연주자는 잘 지내고 있을까. 아직도 작은 맞창을 열어두면 그 골목 어딘가에서 연주가 들려올 것만 같다.

트럼펫
연주자

빨간 가을을 쓸고 계시기에.

낙엽 많아 고생하시죠. 했더니 말씀은 네에. 하셨어도 웃는 낯으로 빗자루질을 썩썩 이어가다가 그래도 보기에 참 좋지요? 하셨다.

가을을
쓸고 있어요

긴 머리가 답답하다며 짧게 자르고 싶단다. 하교 시간에 학교 앞 횡단보도에서 만나 머리를 자르고 떡볶이집에 갔다. 그런데 포장을 하는 동안 요 녀석이 자꾸 가게 밖에 나가 있겠다는 것이다. 에어컨을 틀어놓아 가게 안은 시원했고 밖은 무더웠다. 손이 더딘 주인은 포장도 항상 더뎌서 엄마는 안에 있고 싶은데. 하고 가게를 둘러보니 아하. 작년 같은 반 여자 친구들이 떡볶이를 먹고 있었네.

그중 한 친구는 재희에게 좋아한다는 마음을 전했고 그 옆 친구가 너무 부끄럽다는 친구 대신 고백을 전해주었었다. 재희는 고백을 모른척했다. 이유는 재희의 다른 친구가 그 여자아이를 좋아하고 있어서였다. 아이고 이게 무슨 청춘 드라마인가 싶지만 아홉 살도 열 살들의 인생도 꽤나 복잡하다.

그냥 인사를 하지 그랬어. 하고 물었더니 앞머리를 자꾸 매만지며 동문서답처럼 머리를 아 머리를 너무 짧게 잘랐어어. 했다.

앞머리를
너무 짧게 잘랐어

아침에 태오가 자꾸만 형아 레고를 만지작거리기에 내가 흘깃 보고는 태오 그러면 형아가 이따 학교 다녀와서 화낼 텐데. 했다. 너무 해맑게 웃으며 우리 형아는 그런 거로 화 안 내. 한다. 그래도 조금 찔렸는지 형아가 레고 앞에 세워 놓은 만지지 마세요. 종이 입간판을 슬쩍 옆으로 치워 놓고는 실컷 이리저리 만져보고는 유치원 가기 전에 다시 입간판을 제자리에 놓는다. 꽤 기발하다고 생각했다.

아니나 다를까 재희가 학교 다녀오자마자 레고 앞에 서서 엄마 누가 레고 만졌어요? 한다. 아침 이야기를 해주었더니 제 동생이 귀여워 죽겠다는 듯이 흐흥 웃고 마네. 태오야. 네 말이 맞았다.

네 말이
맞았다

언젠가 서점에서 〈무례한 사람에게 웃으며 대처하는 법〉이라는 책을 남편이 내게 내밀었다. 그즈음 나는 세상 처음 보는 유형의 무례한 사람 때문에 놀란 가슴으로 지냈다. 책을 읽지 않아 내용은 모르지만, 시간이 좀 지나 생각해보니 내 경우에는 무례한 사람에게 웃으면서까지 대처할 필요는 없었던 것 같다.

누군가에게 선물로 보내고 내게 없던 〈아무래도 싫은 사람〉을 다시 샀다.

아무래도
싫은 사람

말을 유창하게 잘하고 못하고가 아니라, 글을 멋스럽게 잘 쓰고 못쓰고도 아니고 그 말과 글이 밖으로 나오는 순간부터 그려지는 모양. 그것이 결국 내 마음의 모양이라는 것을 잊지 말아야지. 튀어나온 못처럼 지나가는 옷을 괜히 걸어 실밥을 뜯고 마는 말본새를 종종 본다.

짧은 댓글들에서도 톡 하고 주변을 뜯어 내고 마는 미운 말본새들.

말본새

늦저녁에 재희에게 이야기할 일이 있었는데 특별한 것은 아니었지만 엄마 아빠의 마음이 잘 가닿았는지 꾸중하지 않았는데도 녀석이 좀 울었다. 샤워를 하며 아빠가 잘 다독여 주었을 텐데도 내내 책만 붙들고 앉아, 태오의 장난에도 조용했다. 생각이 깊어졌던 모양이다. 얼른 눈치를 챈 태오가 제 형아를 꼭 끌어안고 이렇게 물었다. 형아, 형아는 마음을 들키면 눈물이 나? 하고.

옆에서 듣고 있자니 녀석의 말이 귀엽고도 신기해서 마음을 들키는 것이 뭔 줄 아느냐 되물었다. 어떤 사람이 속에 꽁꽁 감추고 있던 내 마음을 읽어버리는 거예요 한다.

어쩌면 아이들에게는 아무것도 가르칠 것이 없을지도 모른다.

마음을 들키면
눈물이 나?

나에게는 병이 하나 있으니 잠들기 전에 순댓국 생각이 나면 다음날에는 꼭 먹으러 가야 한다. 이른바 주기적 순댓국 증후군. 발발 끓는 플레인 순댓국이 식탁에 놓이면 옆 사람 옆 옆 사람은 뭐 어떻게 맛있게 먹나 구경하는 재미가 좋다. 순댓국도 자기만의 스타일이 있는 것. 로제빛으로 달큰히 물들이는 깍두기 국물파 깨끗하게 새우젓파 담백한 굵은 소금파 가끔 산초가루 중독자도 만난다.

오늘 나는 파다짐 다섯 숟가락에 청양고추 쫑쫑 한 숟가락 개운하게 넣고 새우젓으로 간 맞춰 한 그릇을 다 비웠다. 완국의 뿌듯함을 안고 집에 돌아와 커피를 만들어 마신다. 이것이 바로 최고의 코스.

주기적
순댓국 증후군

좋아하는 글의 한 부분을 소개한다.

우리 집 싱크대 한켠에는 커다란 보석이 박힌 반지가 놓여있다. 이 반지의 이름은 설거지 반지. 미국 사는 지인이 보내 준 싸구려 플라스틱 보석이 달린 반지인데, 나는 이걸 늘 설거지 할 때 낀다. 이 반지를 보고 난 반응은 다양하다. 일하면서 불편하지는 않은지, 녹이 슬지는 않는지, 그리고 가장 많이는 왜 끼는지 묻는다. 내 대답은 간단하다. 이 반지를 끼고 있으면 설거지를 하고 있어도 내가 마치 영국 여왕이 된 것 같은 기분이 든다. 그게 모든 불편을 감수하게 만든다.

- 『효재처럼(이효재, 중앙m&b, 2016)』 중에서

동네 작은 마트와 떡집 정육점에서 장을 보고 나면 남은 잔돈을 들고 꽃을 조금 사러 간다. 말 그대로 꽃 조금 주세요. 하면 단골 꽃집 언니는 잘 알면서도 집에 꽂아두시게요? 하고 꼭 묻는다. 네 집에 조금 두려고요. 하며 마주 웃을 때 기분이 정말 좋다.

얼굴이 큰 것은 세 송이. 가지가 풍성한 것은 반단. 그만큼이면 충분히 행복하다.

나의 싱크대 한켠에는 고운 설거지 꽃이 놓였다. 소박하고도 근사하게.

소박하고도
근사하게

한 칸 조리대 앞에 서서 도마에 호박과 양파를 숨벙숨벙 썬다. 쪽파는 쫑쫑 마늘은 넓은 칼몸으로 꾹 눌러 으스러트리고 돼지고기는 먹기 좋게 숭숭. 잘 씻어 솥에 담아놓은 쌀 위에 깨끗한 물 한 컵을 가만가만 붓고 좋은 다시마 작은 한쪽을 넣어 불에 올린다. 재희가 도마 위에 무엇이 썰려있는지 흘긋 들여다보고 간다. 뚝배기에 고추장 풀어 찌개물을 달이다가 썰어놓은 것들이 저마다의 단단한 순서를 지켜 들어가 끓기 시작하면 어느새 작은 집에는 맛있는 냄새가 난다. 그러면 태오가 놀던 블록을 내려놓고 궁금해죽겠다는 표정으로 오늘 저녁은 뭐예요? 하고 물으러 온다. 달걀 깨트려 젓가락으로 찰찰찰 치다가 소금 꼬집 참기름 한 방울 넣어 다시 찰찰찰찰 그사이 네모난 달걀말이팬이 윤기나게 달궈지고 찰찰거리던 달걀물이 팬으로 쏟아져 들어가 치익 소리를 내면서 버글버글 금방 부쳐진다. 왼손은 팬 손잡이를 오른손은 젓가락을 리

듬을 맞추어가며 앞으로 앞으로 말아 올리면 도톰하고 먹음직스러운 달걀말이가 만들어진다.

　작은집 거실을 원을 그리며 돌던 태오는 자꾸만 차려놓은 식탁 끝을 잡고 흘긋거린다. 그런데 요즘은 남편도 그렇다. 집에서 일하는 시간이 길어져 가장 좋은 것은 저녁을 함께 할 수 있는 것인데. 괜히 물 한 모금 마시는 핑계로 필요한 것도 없는 냉장고 문을 열어보며 오늘 저녁 메뉴는 무언가 주방을 서성인다. 밥솥에 뜸이 다 들 때쯤 이제 밥 먹으러 오세요. 하고 부르면 꼭 준비 땅! 만 기다리던 달리기 주자들처럼 식탁에 금세 모여 앉는다. 놀던 블록을 내려놓고 읽던 책을 뒤집어놓고 켜놓았던 티브이를 얼른 끄고. 그렇게. 김이 폴폴 오르는 솥을 열어 설설설 새 밥을 푸고 막 불에서 내린 뜨거운 찌개를 식탁에 올리는 일. 특별할것 없는 찬이지만 내 손길로 차린 저녁 식탁을 이렇게 매일매일 기다리고 좋아해 주는 세 사람이 있어서 문득 많이 행복하다는 생각이 들었다.

행복하다는
생각이 들었다

286

소박하고 근사하게

287 돌아오는 계절

에필로그

이 책을 쓰는 동안 참 행복했다. 좋았던 것을 쓰는 것도 행복했지만 슬프고 아팠던 일을 쓸 때에도 이 버거운 마음마저 행복의 범주 안에 있었구나 싶다.

보고 있어도 또 보고 싶은 나의 어린 아이들에 대해 적을 때는 그 날로 돌아가 통통한 볼을 매만지고 땀이 촉촉하게 베인 작은 손바닥에 입술을 부비고 싶었다. 쓴 글자가 자꾸만 과거가 되어 가는 것이 아쉬워 코를 대고 글의 행간에 남아있는 그 날의 냄새와 온기를 훑곤 했다.

너무 많은 감정을 적어 종이가 무거워진 날에는 새벽을 갉아 차를 끓여 마시며 울었다. 그러는 사이 오랜 미움은 그리움이 되고 사소한 상처들은 천천히 아물어 갔다.

엄마의 책을 누구보다도 설레며 기다려준 나의 보물 재희와 태오에게 깊은 고마움과 사랑을 전한다. 가만히 손을 포개면 잠결에도 내 손을 꼭 잡아주는 사람. 나의 남편 희석에게. 친한 친구로 오래 사겨주어 고맙다는 말을 보고는 쑥스러워 못 할 이 말을 여기에 적는다.

책 낱장이 팔락하고 넘어갈 때 내 콧잔등에 부는 아주 작은 바람을 좋아한다. 이 책이 누군가의 콧잔등에 이는 기분 좋은 바람이 되어주었으면 좋겠다. 근사한 위로가 되어주었으면 좋겠다.

김수경